인문학을 하나님께 4

인문학을 AI 하나님께

4

한재욱 지음

규장

프롤로그

급변하는
세상을 이기는 길

할렐루야.
사랑하는 주님께, 이 땅의 성도님들께, 진리에 목말라하는 영혼들에게 《인문학을 하나님께》 4집을 드립니다.
하나님은 '그때' '그곳'에 계신 분이 아니라 '지금' '여기'에서 우리를 사랑하시는 주님입니다. 삶도 신앙도 지금 여기에 있습니다.
지금 우리는 인공지능을 필두로 하는 4차 산업혁명 시대에 살고 있습니다. 인공지능은 천리마(千里馬)를 넘어 만리마입니다. 올라타면 최상이요 뒷발에 차이면 최악입니다.
밥솥, 냉장고, TV, 에어컨, 떡볶이집, 주차장, 스마트폰 등 인공지능은 거리와 집안까지 들어오며 우리 삶의 한 부분이 되었습니다. 인공지능이 노래를 만들고 그림을 그리고 디자인을 하고 시를 쓰고 심지어는 설교까지 하는 현실 속에서, '인공지능과 4차 산업혁명을 어떻게 보아야 할 것인가', '인공지능이 우리의 많은 것을 대신해도 인공지능이 대신할 수 없는 우리의 남은 것은 무엇이며, 무엇을 소중히 여겨야 하는가'에 이 작은 책이 작은 길잡이가 되면 좋겠습니다.
1차 산업혁명으로부터 약 100년이 지난 뒤에 2차 산업혁명이 일어났고, 그로부터 다시 100년이 지나 3차 산업혁명이 일어났습니다. 이렇게 3차 산업혁명에 따른 정보화 사회를 살아가고 있다가, 50년도 지나지 않았는데 4차 산업혁명을 맞이하고 있습니다.
이렇게 급변하는 세상입니다. 급변하는 세상을 이기는 길은 변하지 않는 것을 굳게 잡는 것입니다.
천 개의 강들이 각자 달을 비춥니다. 그러나 하늘에 떠 있는 달은 하나입니다. 흘러가는 강물 속의 달을 보는 사람보다 하늘에 떠 있는 불변하는 달을 보는 사람이 승리합니다. 천지가 없어져도 일점일획도 변함이 없는 하나님의 말씀을 더욱 소중히 여겨야 하는 중요한 이유입니다.
문학, 역사, 철학, 예술만 인문학이 아니라, 우리 인간들의 모든 삶의 이야기가 인문학입니다.
인문학의 주인은 하나님이십니다.
사랑하는 아내 김연주 사모, 사랑하는 아들 현수, 윤수, 그리고 사랑하는 사람들을 주신 하나님께 감사 드립니다.
영성, 지성, 감성을 주신 하나님께 감사 드립니다.

한재욱 목사

AI 인공지능 시대를 성경의 눈으로 해석하기

Contents

프롤로그

1 **시세**와 **행할 것**을 아는 자

13　시대를 이해하라 활용하라 넘어서라

34　메타버스, 새로운 대항해시대의 기회 _ 김상균 | 메타버스
44　스마트폰은 이제 우리의 새로운 장기(臟器)다 _ 최재붕 | 포노 사피엔스
54　기계는 생각하고 사람은 생각하지 않고 _ 니콜라스 카 | 생각하지 않는 사람들
61　현대의 도둑 삼총사를 경계하라 _ 엘리 프레이저 | 생각 조종자들
69　하버드대학이 멈춰 서고 있다
　　_ 파리드 자카리아 | 하버드 학생들은 더이상 인문학을 공부하지 않는다
78　가짜는 어디까지 진짜가 될 수 있는가 _ 구로사와 아키라 | 카게무샤
86　그대 읽을 줄 아는가? _ 조병영 | 읽는 인간 리터러시를 경험하라
95　소음 속에서 신호를 찾아라 _ 네이트 실버 | 신호와 소음
103　하늘을 보지 말라니! _ 아담 맥케이 | 돈룩업
107　주 하나님 지으신 모든 세계가 너무나 아름답구나! _ 마틴 리스 | 여섯 개의 수
116　우리는 숫자화 될 수 없는 하나님의 걸작품이다 _ 임태훈 | 검색되지 않을 자유

2 인공지능

125 인공지능 너는 누구냐?

158 초지능 인공지능이 오기 전에 초기 설정을 잘하라 _ 오노 가즈모토 | 초예측

169 AI는 양심이 없다 사람은 양심이 있다 _ 김명주 | AI는 양심이 없다

176 인공지능 그녀를 사랑할 수 있을까 _ 스파이크 존즈 | 그녀

3 우리에게 남은 것

189 우리에게 남은 것

202 1초의 소중함을 아는가? _ 브뤼노 지베르 | 1초마다 세계는

207 당신의 손이 닿으면 _ 강은교 | 당신의 손

213 편애가 진짜 사랑이여 _ 이정록 | 사랑

218 애비는 서서 자는 말(馬)이란다 _ 정진규 | 서서 자는 말

222 져주는 당신 멋져 _ 박성재 | 져주는 대화

226 내 등의 짐이 복이었다 _ 작자 미상 | 내 등에 짐이 없었다면

230 희망이 우리를 살린다 _ 나희덕 | 빨래는 얼면서 마르고 있다

233 나 아닌 것 떼어내기 _ 에린 핸슨 | 아닌 것

236	나의 것에 집중하라 _ 그렉 맥커운	에센셜리즘
241	설레지 않는 것은 다 버려라 _ 곤도 마리에	인생이 빛나는 정리의 마법
247	제일 좋은 건 님을 위해 남겨두세요 _ 스벤 브링크만	절제의 기술
252	내게 없는 것, 놓친 것, 실패한 것에 마음 쓰지 말라 _ 김은주	행복은 놓친 기차 안에만 있지 않다
256	무엇부터 시작해야 할지 모르는 그대에게 _ 베르나르 키리니	첫 문장 못 쓰는 남자
260	아날로그, 불편해도 네가 좋아 _ 데이비드 삭스	아날로그의 반격
265	여유와 여백이 있는 삶 _ 윌리엄 헨리 데이비스	여유
270	웃음을 퍼뜨리는 자는 복이 있나니 _ 엘톤 츄르블러드	그리스도의 유머
276	오늘이 그날이에요 _ 허태수	이 세상 모든 것은 사랑이 만든다
279	작은 그녀를 무시하지 말라 _ 드니 데르쿠르	페이지 터너
283	악평을 이겨야 호평이 온다 _ 빌 헨더슨, 앙드레 버나드	악평
289	얼마나 설교를 잘하기에 칼에 찔리는가 _ 정창권	거리의 이야기꾼 전기수
294	직업을 통해 이웃을 축복하라 _ 정명섭	조선직업실록
298	어느 유품정리사의 고백 _ 김새별	떠난 후에 남겨진 것들
305	지금 알고 있는 걸 그때도 알았더라면 _ 킴벌리 커버거	지금 알고 있는 걸 그때도 알았더라면

후주

1

Humanitas To GOD

시세와
행할 것을
아는 자

시대를 이해하라 활용하라 넘어서라

한 시대를 사는 성도들을 향한 하나님의 바람이 있다.

'시대를 이해하라'
'시대에 올라타라(활용하라)'
'시대를 넘어서라'

역대상 12장에는 사울 왕의 시대가 끝나고 다윗 왕의 새 시대를 연 사람들이 나온다. 여러 지파의 사람들이 있었는데, 우두머리도 있고 전쟁에 능한 용사도 있으며, 유명한 사람도 있고 단순한 지지자도 있다. 그런데 이들 가운데서 주목해야 할 한 부류가 나온다. 바로 형제들의 리더가 된 잇사갈 자손이다.

> 잇사갈 자손 중에서 시세를 알고 이스라엘이 마땅히 행할 것을 아는 우두머리가 이백 명이니 그들은 그 모든 형제를 통솔하는 자이며 대상 12:32

잇사갈 자손은 리더였다. 성경은 이들이 리더가 된 이유를 이렇게 말씀하고 있다. 그들은 '시세'를 알았고, 이러한 시세 가운데 '이스라엘이 어떻게 행해야 하는지'를 알았다고!

'시세를 알았다'라는 것은 그들이 살던 시대 상황을 잘 이해하고 분별했다는 것이다. '이스라엘이 마땅히 행할 것을 알았다'라는 것은 이러한 시세 속에서 하나님의 백성으로서 어떻게 살아야 하는지를 알았다는 것이다. 이런 사람들이 리더이고 승리자다.

100여 년 전 영국의 찰스 스펄전 목사님이 섬기던 메트로폴리탄 태버너클은 세계 최대의 교회로, 최고 수준의 회중, 최고의 건물, 최고의 설교가를 갖춘 교회였다. 그 교회가 1세기도 가기 전에 초라한 모습이 되었다. 여러 이유가 있겠지만, 런던도 바뀌고 사람들도 바뀌었으나 교회만 바뀌지 않았기 때문이다. 시세를 몰랐던 것이다.

신학자 칼 바르트(Karl Barth)의 말로 알려진 유명한 경구가 있다.

"한 손에는 성경을, 다른 한 손에는 신문을."

성경은 우리 성도들의 진리이고, 신문은 세상을 의미한다. 영성학자 리처드 포스터(Richard J. Foster)도 "묵상 방식은 한 손에는 성경을, 한 손에는 신문을 갖고 있을 때 가장 잘할 수 있다"[1]라고 했다.

성도는 그 어떤 때가 오더라도 성경을 보고, 신실한 예배와 기도와 찬양, 그리고 전도와 선교와 구제에 힘써야 한다. 동시에, 시대를 알아야 한다. 문화도 알아야 하고, 동시대를 사는 사람들이 무엇을 추구하는지, 무엇을 좋아하는지, 무엇을 갈망하는지, 무엇에 힘들어하는지, 무슨 죄에 물들어 있는지를 파악해야 한다.

그래야 효과적으로 복음을 전할 수 있다. 시대를 알아야 시대를 향한 하나님의 뜻을 알 수 있다. 시대를 알아야 성도들이 이 세상에대해 어떤 태도로 살아야 하는지를 알 수 있다.

시대를 이해하라

이문열의 소설 《황제를 위하여》는 《정감록》에 예언된 대로 이씨 왕조가 끝나면 정씨 왕조가 시작된다는 것을 믿고, 자신이 바로 그 황제인 정 진인이라고 확신하며 계룡산 기슭에 '남조선국'(소설 속 가상[假像]의 나라)이라는 왕국을 세운 '얼빵'한 황제의 기행을 기록한 이야기다.

그가 얼마나 현실과 시대를 알지 못했는지는 일본 헌병을 만난 이야기에서도 여실히 드러난다. 때는 일제시대, 황제는 일본 헌병과 친해지려고 당시 그들이 가장 많이 쓰던 '빠가야로'(바보,

얼간이)'라는 말을 하면서 접근한다.

"빠가야로."

"나니(뭐 어째)?"

"빠가야로."

"보구오 히야카스노까(나를 놀리는가)?"

"빠가야로."

"안타 기가 구룻다노가이(이게 미쳤나)?"

"빠가야로."

'빠가야로'라는 말의 뜻도 제대로 알지 못했던 황제는 결국 일본 헌병에게 신나게 두들겨 맞았다. 그러면서도 계속 외쳤다.

"빠가야로, 빠가야로…"

소설 속 황제는 반(反) 혹은 비(非)-현실적인 사람이지만, 그 마음만은 깨끗하고 순수한 사람이다. 그러나 시대를 이해하지 못하면 두들겨 맞을 뿐이다.

세상의 변화를 읽지 못한 대가

섬뜩한 이야기를 해보자.

1차 세계대전 당시 독일군은 기관총이라는 신무기를 앞세워 서부 전선의 '솜 전투'((Bataille de la Somme)에서 영국군에게 압도적인 승리를 거뒀다.

영국군은 솜 전투에서 약 1,500문의 대포를 동원해서 독일군에게 8일 동안 거센 포격을 가했다. 특히 진군이 예정되어 있던

7월 1일에는 어마어마한 기세로 포격을 가해 포탄 150만 발을 퍼부었다. 그리고는 이런 어마어마한 공세로 땅 위의 철조망을 비롯한 모든 무기는 흔적도 없이 날아가 버리고 독일군 병력은 괴멸되어 이에 진군만 하면 이길 것으로 생각했다. 하지만 독일군 진지에 가까이 접근하면서 이들은 독일군의 기관총 세례에 쓰러지기 시작했다.

독일군은 영국군의 진격이 시작되기 전 8일 동안 포격이 이어질 때 지하 20미터 아래의 방공호에서 공포의 시간을 보내고 있다가 포탄 세례가 그치면 바로 기관총을 들고 주요 거점을 향해 내달렸다. 폐허가 될 때마다 기관총을 들고 거점 구축을 반복한 결과 포화 속에서도 기관총 진지를 지킬 수 있었다.

이런 상황에서 영국군은 승리를 확신한 채 별다른 긴장 없이 진군하고 있었던 것이다. 영국군이 느긋하게 걸어오는 동안 독일군은 기관총을 거치하고 탄창을 걸어놓고 킬링존(Killing zone, 지형과 장벽을 이용해 적을 불리한 상황으로 유인하고 격멸하기 위해 사전에 계획된 지역)을 형성하고는 기관총을 사정없이 난사했다.

그 결과 영국군은 하루 만에 5만 8천여 명의 사상자를 내는 대참사를 빚고 말았다. 솜 전투는 비단 영국뿐 아니라 세계 전쟁사에서도 최대이자 최악의 살육이 벌어진 비극으로 기록되고 있다.

이렇게 많은 사상자가 난 큰 이유가 바로 '맥심 기관총'이다. 솜 전투 때 독일군이 사용했던 맥심 기관총은 분당 400발을 쏟아낼 수 있었다. 기관총 한 정을 운영하기 위해서 6-8명이 필요했지만 맥심 기관총의 화력은 몇십 명에서 몇백 명분의 역할을 해냈다. 실제로 솜 전투에서는 30미터를 전진하는 동안에 한 중대가 전멸하기도 했다.

여기서 영국군 지휘관들이 시대를 읽지 못한 과오가 크다. 기관총이라는 엄청난 화력을 구사하는 기계가 등장했는데도 지휘관들은 여전히 병력의 숫자가 승리를 결정하는 가장 중요한 요소라 생각하고 줄지어서 전진하도록 명령했기 때문이다. '뭉치면 살고 흩어지면 죽는다'가 아니라 '뭉치면 다 죽고 흩어져야 산다'로 전술이 바뀐 것은 시간이 지난 후의 일이다. 그러나 시대를 읽지 못했던 대가는 너무나 컸다.

또 다른 예를 보자.

신중함이나 대책 없이 함부로 덤비는 사람이나 그러한 태도를 속되게 이르는 '무데뽀'라는 말은 '시비나 결과를 고려하지 않고 거침없이 행동하는 것'을 의미하는 한자 '무수법'(無手法)이라는 일본어에서 나왔고, 이 '무수법'은 총이 없다는 '무철포'(無鐵砲)의 음편 현상(일본어에서 특정 음이 연속해서 발음될 때 발음하기 쉬운 다른 음가로 바뀌는 현상)으로 사용된 것이다.

'무수법'은 일본 나가시노 전투에서 유래되었는데, 나가시노 전투는 이른바 일본의 쇼군 시대인 1575년, 오다 노부나가와 도쿠가와 이에야스의 연합군이 다케다 가쓰요리의 부대와 벌인 전투다.

다케다 가쓰요리의 기마군단은 총을 든 오다 및 도쿠가와 연합군에게 거침없이 달려들었다. 그런데 오다 군은 당시 최신 병기였던 철포 3,000정을 준비하고, 이 철포대(鐵砲隊)를 약 4킬로미터에 걸쳐 3열로 나란히 세워놓고 있다가, 달려드는 다케다 군의 기마군단을 향해 조총으로 3단 발사를 실행해 격퇴했다.

당시 다케다 군 지휘부는 총의 위력을 의식하지 못한 채, 1진이 전멸했는데도 2진, 3진을 계속 진격시키며 부대가 거의 궤멸될 때까지 공격을 멈추지 않았다. 최강 기마군단이라는 기존 사고의 틀을 가진 다케다 군은 칼에서 총으로 패러다임이 변화한 것을 인식하지 못한 채, 그저 무모한 죽음을 자초한 것이다.

이게 '무데뽀'다. 세상의 변화를 모르고 오직 옛날 생각, 옛날 방식 '무데뽀'로 살아간다면 결코 승리할 수 없다.

1-4차 산업혁명과 시대 변화

우리가 사는 이 시대를 4차 산업혁명의 시대라고 한다. 산업혁명이란 혁신적 기술의 탄생으로 말미암아 이전의 시스템이 완전히 새로운 시스템으로 바뀌는 것을 의미한다.

1차 산업혁명은 1769년 와트의 증기기관 발명으로 시작된 기계 혁명이었다. 사람의 노동력을 기계가 대신하기 시작했다. 증기기관은 수공업을 기계공업으로 전환시켰고, 대량 생산을 통해 노동 생산성은 2배 이상 성장했다. 이 시대의 동력원은 석탄이었고, 이를 이용했던 핵심 기술은 증기기관이었다.

1차 산업혁명으로부터 약 100년이 지난 뒤에 2차 산업혁명이 일어났다. 패러데이의 발전기 발명과 에디슨의 직류전기 및 전구 발명을 중심으로 한 전기혁명이었다. 2차 산업혁명 때는 동력원이 석유와 전기로 확장됐다. 전기를 활용한 대량 생산이 이루어지며, 철도 건설과 대규모 철강 생산, 제조업 공장이 급성장했고 전기를 이용한 통신기술이 발달했다.

그로부터 다시 100년이 지나 3차 산업혁명이 일어났다. 3차 산업혁명은 개인용 컴퓨터의 등장과 1990년대 인터넷을 기반으로 한 통신의 발전으로 생겨난 사회 변화다. 컴퓨터와 인터넷, 인공위성으로 전 세계 사람들이 지식을 공유하고 협업할 수 있는 지식 정보화 사회가 되었고, 정보통신기술 활용이 주요한 능력이 되었다.

이렇게 우리는 3차 산업혁명에 따른 정보화 사회를 살아가고 있다가, 3차 산업혁명부터 50년도 지나지 않았는데 4차 산업혁명을 맞이하고 있다.

2016년, 스위스 다보스에서 열리는 세계 경제 포럼(World Economic Forum, WEF)에서 클라우스 슈밥(Klaus Schwab) 회장은 '제4차 산업혁명'이라는 말을 사용하면서 "4차 산업혁명은 인류 자체를 획기적으로 바꿀 것"이라고 말했다.

4차 산업혁명은 지능을 가진 기계들이 독립적으로 작동하는 것이 아니라 서로 연결되고 융합하는 기술을 말한다. 4차 산업혁명의 핵심 요소는 빅데이터를 기반으로 한 '인공지능'의 '연결'

과 '융합'이다. 로봇 공학, 사물 인터넷 등 똑똑한 기계가 마치 사람처럼 생각하고 말하고 행동하면서 서로 소통한다. 여러 기술이 연결되고 융합되어 새로운 가치를 창출한다. 그 속도는 이전의 3차 산업혁명과는 비교할 수 없을 정도로 빠르다.

즉, 4차 산업혁명은 '인공지능'을 중심으로 한 지능혁명이다. 빅데이터를 넣으면 인공지능이 이를 통합해서 새로운 정보를 창출하고, 이를 토대로 예전에 없던 강력한 초연결 사회를 만든다는 것이다.

1,2차 산업혁명은 물리적 동력을 전달하는 각종 기계 장치를 발명하여 자연에 힘을 가하여 인간을 유익하게 했다. 3,4차 산업혁명은 컴퓨터, 인터넷과 같이 인간의 뇌를 모방한 기계가 산업화의 핵심이 되었다.

정리해보면, 18세기 증기기관 발명을 시작으로 1차 산업혁명, 19세기 말 전기기술의 발명으로 인한 2차 산업혁명, 그리고 20세기 중반 반도체, 디지털, 컴퓨터, 인터넷 정보통신 기술의 발전으로 인한 3차 산업혁명이 있었고, 이제 우리는 제4차 산업혁명의 시대를 맞아 인공지능과 로봇, 사물인터넷 기술에 의해 자동화와 연결성이 극대화되는 시대를 살고 있다.

이 시대를 읽어야 한다. 흔히들 성공한 사람을 향하여 "시대를 잘 만났다"라고 말한다. 시대를 잘 만났다는 말은 "시대를 잘 읽었다"라는 말과도 통한다. 시대를 잘 읽어야 최상의 하나님께 최상의 삶을 드릴 수 있다.

시대를 활용하라

말(馬)과 경주를 하려는 사람이 있다면 미련한 사람일 것이다. 말과는 경주하지 말고 그 말에 올라타야 한다. 100층짜리 빌딩 꼭대기에 먼저 도착하기 시합을 하면 열이면 열, 계단으로 오르는 사람보다 엘리베이터를 타고 올라가는 사람이 다 이길 것이다. 시대에 흐르는 문명의 이기를 선하고 강하게 활용할 줄 아는 자가 승리자가 된다.

기계와 맞선 사람들

미국이 도로와 철도를 뻗어내며 서부로 남부로 확장해가던 19세기, 미국의 철도 공사 현장에서 기계와 대결을 벌인 존 헨리(John Henry)라는 사람이 있었다.

그는 전설적인 인물로, 실존했던 사람인지는 정확히 알 수 없으나 건설 노동자로서 망치로 쇠퇴기를 단단한 바위에 끼워 넣어 틈을 만들고 그 만들어진 틈에 폭발물을 넣는 스틸 드라이버(Steel-Driver)라고 알려져 있다.

1870년 어느 날, 일터에 구멍 뚫는 기계(스팀 드릴)가 들어오자 사람들은 기계에 일자리를 뺏길 것 같아 걱정이 가득했다. 이때 존 헨리가 기계에 도전장을 내밀었다.

마침내 인간과 기계가 한판 승부를 벌이는 날이 왔다. 존 헨리와 기계가 동시에 암벽을 뚫기 시작해 1일 반 동안이나 이어졌다. 그리고 놀랍게도 존 헨리의 승리로 끝났다. 사람들은 "역시 인간의 능력이 최고야!" 하면서 환호했다. 그런데 존 헨리는 기계와의 대결 끝에 과로로 사망한다.

헨리 이야기는 버지니아주, 앨라배마주 등 철길이 놓인 마을 곳곳에 전설로, 시와 소설과 노래로, 그리고 영화로 전승되었다. 1972년, 사람들은 웨스트버지니아주 탤컷(Talcott) 마을의 빅밴드 터널 입구에 2.5톤짜리의 존 헨리 동상을 세우고 동판을 설치하여 그를 추모했다.

하지만 결국 몇 년 후에는 모든 철도 회사가 사람보다 기계를 더 많이 사용하게 되었고, 미국에는 이런 말이 생겼다.

"사람들은 결국 존 헨리가 죽었다는 사실을 잊었다"(People forget that John Henry died in the end).

당시 최고의 기술자가 죽을 만큼 전력을 다해야 기계와의 경쟁에서 겨우 이길 정도였다. 그러나 기계는 날이 갈수록 더욱 발전했다. 기계는 지치지도 않았고, 존 헨리의 실력을 금방 뛰어넘었다. 그리고 헨리는 잊혀져 갔다.

헨리 이야기는 러다이트 이야기로 이어진다.

인간은 자신을 위해 발명한 기계의 편리함을 누려왔지만, 기계가 인간 위에 올라서는 상황을 늘 두려워하고 경계해 왔다. 그 대표적인 사건이 '러다이트 운동'(Luddite Movement)이다.

러다이트 운동은 19세기 초반, 영국에서 발생한 기계 파괴 운동이다. 1811년에서 1817년 사이, 산업혁명을 통해 성능 좋은 방직기가 등장한다. 그러자 전문직이던 직조공들은 단순 생산직으로 내려앉으며 홀대를 받았다. 때마침 인클로저(Enclosure) 운동의 영향으로 농민들이 도시로 진출하며 잉여 노동자가 늘어나면서 근로조건은 더욱 열악해졌다.

이에 분노한 직조공들이 네드 러드(Ned Ludd, 실존 인물인지 가공의 인물인지는 정확히 알 수 없다)의 통솔하에 가면을 쓰고 공장을 돌아다니며, 기계를 부수고 근로조건 개선을 요구했다.

러다이트 운동 이후 직조공을 포함한 노동자의 처우는 개선되었지만, 과학기술의 발전과 공장 자동화는 멈추지 않았다. 기계화, 자동화, 전산화, 무인화, 로봇화 등이 진전되면서 단순 반복되는 노동은 사라지고 한때 전문직이었던 직종조차 단순노무직으로 전환되는 일들이 많아졌다. 동시에 기계로 인해 산업은 더욱 발전했고, 소비자들은 값싸고 품질 좋은 물건들을 구할 수 있었다.

오늘날에도 컴퓨터, 빅데이터, 인공지능의 발달로, 소수의 인재를 제외하고는 대부분의 노동자가 최저 임금 수준에 머물게 될 것이라며 신기술을 거부하는 '신(新)러다이트'적인 주장이 있다. 충분히 공감이 간다.

그러나 역사의 수레바퀴는 뒤로 돌지 않는다. 기계의 발달로 인한 발전을 인정하고, 활용하고, 기계로 인한 피해를 최소화하는 방법을 찾아야 한다. 기계와 인간은 경쟁 관계가 아니라 상호보완 관계다. 기계가 더 잘하는 일은 기계에게 맡기고, 인간은 인간만이 가진 능력을 충분히 발휘해야 한다.

디지털 기술과 경쟁하지 말고 활용하라

이미 우리는 4차 산업혁명의 시대에 올라타 있다.

보는 각도에 따라 4차 산업혁명에 대해 여러 해석이 나오는데 그중 하나는 이 시대를 '디지털 트랜스포메이션'(Digital Transformation)의 시대로 정의하는 것이다.

디지털 트랜스포메이션, 즉 디지털 전환이란 아날로그로 하던 것을 디지털로 하는 것인데, 디지털 관점으로 산업구조를 재편하는 것, 인간의 노동력을 기반으로 해결하던 업무를 전산화, 자동화함으로써 효율을 높이고자 하는 것이다.

이제 매장에 가서 상품을 고르고 결제하고 배달받던 구매를 웹사이트에서 하고, 은행에 가서 번호표를 뽑고 직원에게 문의하고 서류를 작성해서 신청하던 대출을 모바일 앱으로 대신하는 시대가 되었다. 이미 디지털 트랜스포메이션은 생존이 걸린 문제가 되어간다.

디지털 전환으로 회생한 대표적 사례는 미국 최대의 유통기업인 월마트다. 월마트는 아마존의 진격으로 한동안 침체기를 겪어야 했다. 그러나 온라인 쇼핑몰을 인수하고, 간편결제 시스템을 도입하고, 이 커머스(E commerce, 컴퓨터 통신이나 인터넷을 이용해서 온라인으로 이루어지는 전자 상거래) 시장에 발을 내디디며 디지털 전환을 적극적으로 시도한 결과 부활했다.

글로벌 커피 브랜드인 스타벅스는 유통 산업계의 디지털 전환 선구자로 손꼽힌다. 자동 결제, 적립, 리워드 e-프리퀀시 등 다양한 모바일 서비스를 개발했다. 특히 앱으로 주문하는 사이렌 오더를 통해, 매장에 가서 음료를 주문하고 기다리는 수고를 없앴다. 미국 내에서 스타벅스사의 모바일 결제 시스템을 사용하는 인구수는 기타 결제 시스템의 이용객을 훨씬 능가했다.

이렇듯 '디지털로의 전환'은 이제 거스를 수 없는 대세가 되었다. 사람이 기관총과 경쟁할 수 없고 말과 달리기 경쟁을 할 수 없듯이, 인간에게 디지털 기술은 경쟁의 대상이 아니라 어떻게 활용할 것인가의 문제다.

이에 그리스도인은 시대를 이해하고 시대를 활용해야 빛과 소금의 역할을 다할 수 있다. 아직도 현장 선교사가 절실히 필요하지만, 이제는 인터넷으로 세계가 연결되어 선교사가 현지에 직접 가서 거주하지 않아도 복음을 전할 수 있게 되었다.

나팔 소리로 찬양하며 비파와 수금으로 찬양할지어다 소고 치며 춤추어 찬양하며 현악과 퉁소로 찬양할지어다 시 150:3,4

이 시편 구절을 이렇게 해석해도 좋을 것이다.
"모든 디지털 기술을 사용하여 하나님을 찬양하고 전하라!"
사도 바울은 복음 전도를 위하여 당시 세계의 문명 및 자신이 가지고 있던 모든 것을 활용했다.

당시 로마는 많은 나라를 정복하고, 모든 길은 로마로 통하는 '팍스 로마나'(PAX ROMANA, '로마의 평화'를 뜻하는 라틴어)를 이룩했다. 바울을 비롯한 초대 교회 성도들은 로마가 열어놓은 바로 그 길들을 적절하게 활용해 선교를 했다.

바울은 길리기아 다소 출생이다(행 21:39). 지금의 튀르키예에 속하는 길리기아 주의 수도 다소는 대륙과 해상의 교통을 연결하는 동서교통의 요충지로서 무역과 학문이 발달했고, 특별히 헬라 문화가 만개한 곳이었다. 바울은 어린 시절부터 이 헬라 문화를 익혀, 로마의 어느 지역에 가도 복음을 전하는 데 장애가 없었고, 훗날 신약성경을 헬라어로 기록했다.

그는 다소 지방 사람이지만 공부는 예루살렘에 유학해 가장 정통파인 힐렐파에서 배운 바리새파 사람으로, 히브리어에 능통했고 특히 구약에 해박한 지식을 가졌다.

또한 바울은 그가 가진 로마 시민권을 적절하게 활용했다. 선교 중에 유대인과의 충돌로 로마군에 체포되었을 때, 로마 시민권을 사용하여 위기를 극복하기도 했다.

가죽 줄로 바울을 매니 바울이 곁에 서 있는 백부장더러 이르되 너희가 로마 시민 된 자를 죄도 정하지 아니하고 채찍질할 수 있느냐 하니
행 22:25

또한 로마 황제에게 상소하여 로마로 가서 복음을 전하는 데

에도 로마 시민권을 활용했다. 베스도 총독은 유대 사람의 환심을 사고자 하여 바울에게 예루살렘으로 올라가서 재판을 받으라고 종용했으나 바울은 즉각 황제에게 상소했다.

당시 아우구스투스 칙령에 따르면 로마 시민은 본인의 동의하에서만 지방 법률에 따라 재판을 받고, 본인이 원하는 경우 지방 당국이 아닌 황제에게 재판을 받기 위해 호소할 수 있다고 되어 있었다. 그는 비록 이 일로 석방될 기회는 놓쳤지만, 로마를 향한 꿈을 이루는 데 한 걸음 더 다가갈 수 있었다.

바울은 이토록 자신에게 주어진 모든 여건, 또한 당시 사회에서 통용되던 모든 것을 활용하여 복음을 전했다. 사도 바울이 오늘날 태어났다면 인터넷, 방송, 스마트폰을 적절하게 사용하여 복음을 전했을 것이다.

시대를 넘어서라

시대를 이해했는가? 시대에 올라탔는가? 여기서 그친다면 그저 세상에서 성공한 속물에 불과할 것이다. 그리스도인은 시대를 넘어서는 하나님의 가치관을 붙들어야 한다.

여기서 "시대를 넘어서라"라는 말을 오해해서는 안 된다. 현대 시대보다 더 획기적이고 앞서가는 그 무엇을 제시해야 한다는 의미가 아니다. 어느 시대가 와도 시대를 초월한, 변하지 않는 진리의 본질을 잡아야 한다는 의미다.

하나님의 진리는 시대를 뛰어넘어 사람들의 영혼을 찔러 쪼개는 힘이 있다. 최첨단의 현대에도 사람을 변화시키고 참 위로를 주고 무엇보다도 구원과 영생을 주는 것은 고전적인 복음이다.

변치 않는 본질을 잡아야 변하는 세상을 이긴다

서울대 소비트렌드분석센터가 대한민국의 경제, 사회, 문화 등을 연구하고 전망을 담은 '트렌드 코리아' 시리즈가 있다. 《트렌드 코리아 2009》를 시작으로 16년째 이어온 이 시리즈의 핵심 주제는 '트렌드 변화에 맞춰 스스로를 혁신하라'다.

그런데 이렇게 급변하는 혼돈의 시대에 중심을 잡기란 여간 힘든 일이 아니다. 이에 소비트렌드분석센터를 이끄는 김난도 교수는 아마존의 최고경영자 제프 베이조스의 말을 인용해 이렇게 말한 바 있다.

"10년 후에는 어떤 변화가 있겠냐는 질문을 많이 받는다. 그러나 그 누구도 10년이 지난 뒤에도 '바뀌지 않을 것'이 무엇이냐는 질문은 하지 않는다. … 오랜 시간이 지나도 불변하는 것을 알 수 있다면, 그곳에 에너지를 많이 투자해야 한다."[2]

제프 베이조스는 변하지 않는 것, 즉 본질에 대한 이해가 중요하며, 이를 기반으로 전략을 수립하는 것이 사업의 성공 요인이라는 것을 강조했다. 그는 오래전부터, 어떤 시대가 오더라도 소비자가 본질적으로 원하는 것은 낮은 가격(low price), **빠른 배송**(fast delivery), 많은 대안(vast selects)이라는 것을 확신했으며, 이런 소비자의 본질을 바탕으로 사업 전략을 구상함으로써 성공을 거두었다.

급변하는 시대를 대비해야 하는 지금, 무엇이 변하느냐를 파악하는 것도 중요하지만, '변하지 않는 본질'이 무엇인가를 보는 것은 더욱 중요하다.

'수급불류월'(水急不流月)이라는 말이 있다. '물은 급하게 흘러가도 달은 떠내려가지 않는다'라는 의미다. 시대가 아무리 급하게 흘러가도 떠내려가지 않는 달을 보아야 한다. 그뿐만이 아니다. 수천 개의 강이 달을 비추고 있지만, 하늘의 달은 하나다. 강 속의 달보다 하늘의 달을 바라보는 사람이 승리하게 된다.

항해하는 배가 지나가는 배의 불빛에 항해의 중심을 잡으면 어떻게 되겠는가? 변하지 않는 북극성에 중심을 잡아야 한다. 변하지 않는 것을 굳게 잡을 때, 변하는 세상을 이길 수 있다!

4차 산업혁명, 나아가 5차, 6차 산업혁명의 시대가 온다고 하더라도 영원히 변하지 않는 것은 하나님의 말씀이다. 우리가 급변하는 시대에 하나님의 말씀인 성경을 더욱 가까이해야 하는 중요한 이유다.

시대를 넘어서는 하나님의 말씀으로 돌아가라

조금 더 이야기해 보자.

스타트업과 투자자를 연결하는 온라인 플랫폼 '앤젤리스트'(AngelList)의 창업자이자 CEO로서 전 세계 비즈니스맨이 가장 만나고 싶어 하는 투자자 중 한 명인 나발 라비칸트(Naval Ravikant)는 유망한 스타트업을 골라내 투자하는 일을 한다. 그는 트위터, 우버, 야머 등을 비롯해 기업가치가 1조 원 이상인 많은 비상장 스타트업을 발굴해 큰 성공을 거뒀다.

그는 심한 압박을 느끼거나 집중력이 흩어질 때, 너무 많은 생각에 갇혀 꼼짝 못 할 때면 인생의 변하지 않는 고정 진리인 '죽음'을 떠올린다고 한다. '언젠가는 반드시 무(無)로 돌아간다'라는 생각을 하면 자신을 누르고 있던 생각의 무게가 가벼워져 마음이 평온해지고 달려갈 길이 보인다는 것이다.

사람은 영원을 사모하는 존재로 지음 받았다. 따라서 본질을 생각할 때 평안과 안정을 느끼게 되고, 현실 돌파의 능력이 솟는다.

인문 고전이 시대를 초월해서 사람들에게 주목받고, 변형된 여러 형태로 스토리를 만들어내며, 영화와 드라마 등에 등장하면서 현대에도 인기를 끄는 것은 고전이 인간의 본질을 다루기 때문이다. 삶과 죽음, 사랑, 증오, 선과 악, 가족, 고통, 이별, 배신, 도덕, 공동체 등이 고전 속에 있는 인간의 영원한 주제다.

용비어천가 제2장은 "뿌리 깊은 나무는 바람에 흔들리지 않고 꽃 좋고 열매가 많다. 샘이 깊은 물은 가뭄에 마르지 않고 흘러서 내를 이루어 바다에 이른다"라고 했다.

모든 나무가 다 열매 맺는 게 아니고 모든 샘물이 다 바다로

가는 것은 아니듯, 단순히 옛날의 문학 작품이라고 해서 모두가 고전으로 남는 것이 아니다. 바람과 가뭄을 견뎌낼 만한 깊은 뜻을 지닌 작품, 즉 개성이나 시대성, 지역성이라는 한계를 벗어나 시대를 초월하여 오래도록 살아남은 책이 고전이 된다.

오동나무와 개오동나무는 비슷해 보이지만, 천년을 지나도 변하지 않는 울림통을 보면 오동이다. 매화와 벚꽃도 비슷해 보이지만, 바람 불고 비 오면 곧 지고 마는 것이 벚꽃이요, 추위 속에서도 향기를 팔지 않는 것이 매화다. 고전이 이와 같다.

그런데 인문 고전이 아무리 인간의 본질적인 주제를 담고 있다 할지라도 만물의 시작과 마지막, 천국과 지옥 그리고 죄 용서에 대한 해답을 주지는 못한다. 인류 인생의 가장 큰 질문은 "하나님은 누구이시고, 나는 누구인가?"라는 질문이다. 이 질문에 오직 성경만이 답을 준다. 고전보다 더 뿌리 깊은 나무, 샘 깊은 물이 바로 하나님의 말씀인 성경이다.

구약성경에서 하나님의 인도하심을 가장 아름답고 극적으로 보여준 예가 바로 이 구름기둥과 불기둥을 통한 인도다. 하나님은 애굽을 탈출하여 광야 길을 걷는 이스라엘 백성들을 구름기둥과 불기둥으로 인도하셨다. 백성들은 구름기둥, 불기둥이 움직이면 같이 가고 멈추면 같이 멈추는 등 그 기둥들이 움직이는 대로 따라가면 되었다.

지금은 구름기둥과 불기둥 대신 하나님의 말씀인 성경을 주셨다. 혼란스럽고 급변하는 세상 속에서 변하지 않는 나침반 같은 진리는 성경이다.

시대를 넘어서라!
시대를 넘어서는 하나님의 말씀, 성경으로 더욱 돌아가라!

진실로 너희에게 이르노니 천지가 없어지기 전에는 율법의 일점 일획도 결코 없어지지 아니하고 다 이루리라 마 5:18

김상균 《메타버스》

메타버스,
새로운 대항해시대의 기회

벨기에의 초현실주의 화가 르네 마그리트(Rene Magritte)는 그의 대표작 〈이미지들의 배신〉(La trahison des images)이라는 작품에 파이프를 그려놓고는 바로 아래에 "이것은 파이프가 아니다"라고 썼다. 마치 한재욱의 사진을 걸어 놓고 '이 사람은 한재욱이 아니다'라는 문구를 적어놓은 것과 같다.

이 파이프 이야기는 미술계뿐 아니라 철학, 심리학, 미학, 사회학, 언어학, 뇌과학, 심지어는 신학에 이르기까지 많은 해석을 낳고 있다. 분명히 파이프처럼 생겼는데 왜 작가는 아니라고 할까? 일반적인 쉬운 해석은 "이것은 파이프가 아니라 파이프 그림이다"라고 말하는 의미일 것이다.

물론 그것은 물질적인 파이프가 아니다. 화판 위에 적절히 분배된 유화 물감들을 우리 눈과 뇌가 '파이프'라고 해석할 뿐이다.

아마 마그리트는 물질적 현실과 우리의 지각적 해석을 혼동하지 말라는 메시지를 주고 싶었을 것이다.

그렇다면 '현실'이란 무엇일까? 전통적으로 현실은 곧 지금 여기에서의 물질세계를 의미했다. 그런데 우리에게는 또 다른 현실이 존재한다. 바로 '디지털 현실'이다. "이것은 파이프가 아니다"라는 마그리트의 말을 디지털 세계를 향해 이렇게 말할 수 있는 것일까?

"이것은 현실이 아니다."

그런데 디지털 세계는 분명히 '현실'이 되어간다.

이제 '또 다른 현실'인 디지털 세계 이야기를 해보자.

디지털 지구촌, 메타버스

현실 세계와 같은 사회·경제·문화 활동이 이뤄지는 3차원 가상 세계를 일컫는 '메타버스'(Metaverse)는 가상과 초월의 의미를 가진 단어 '메타'(meta)와 세계, 우주를 의미하는 '유니버스'(universe)의 합성어로, 어원적으로는 '현실을 초월한 또 다른 우주'다.

경희대 김상균 교수는 메타버스가 '스마트폰, 컴퓨터, 인터넷 등 디지털 미디어에 담긴 새로운 세상, 디지털화된 지구'를 뜻하며, '인간이 디지털 기술로 현실 세계를 초월해서 만들어낸 여러 세계'[3]라고 설명한다.

메타버스는 미국의 작가 닐 스티븐슨이 쓴 SF소설 《스노 크래시》(Snow Crash)에서 처음 사용한 단어로, '가상 세계'를 지칭했다. 좀 더 익숙하게는, 2018년에 개봉한 영화 〈레디 플레이어 원〉(Ready Player One)에는 주인공들이 메타버스라는 가상 세계와 현실을 오가며 살아가는 이야기가 나온다.

요즘 많이 들을 수 있는 무인 자동차, 비트코인, 증강현실, 가상 세계, 인공지능… 이 모든 것을 다 종합해 놓은 비빔밥 같은 것이 메타버스다. 즉, 메타버스는 우리가 사는 지구촌 외에 또 다른 디지털 지구촌, '디지털 환경의 지구촌'을 의미한다.

벌써 우리나라에서도 전 국민의 30퍼센트 이상이 메타버스에서 일상생활도 하고 비즈니스도 하고 있다. 온라인 쇼핑몰에서 물건을 구매한 적이 있는 사람, 온라인으로 수업을 들어본 학생, 온라인으로 예배드린 적이 있는 성도, 화상 회의 앱으로 회의나 강의에 참여해본 사람, 모바일과 인터넷 메신저 등을 사용하는 사람 모두 이미 '메타버스'를 경험하고 있는 사람들이다.

메타버스는 정치, 경제, 사회, 문화, 군사, 게임, 놀이 등 모든 영역에서 이루어지고 있다. 세계 10대 기업 중 7개 기업이 메타버스에 투자하며, 이들의 시가총액을 합치면 거의 1경 원 정도다. 이제 우리는 아날로그 지구, 물리적 지구뿐만 아니라 디지털 지구촌 메타버스 속에서 살고 있다는 것을 부인할 수 없게 되었다.

물론 메타버스가 현실 세계, 물리적 세계를 완전히 대체하지는 못하며, 그래서도 안 될 것이다. 김상균 교수 또한 우리의 현실이 메타버스로 대치되는 것을 반대한다.

그렇다면 메타버스는 우리에게 어떤 교훈을 주는 것일까. 두 가지로 생각해볼 수 있을 것 같다. 하나는 디지털 현실도 또 다른 현실이라는 것이고, 또 하나는 실제 현실 세계의 소중함이다.

디지털 현실도 또 하나의 현실이다

인류는 약 1만 년 동안 현실이 오직 아날로그 현실뿐이라고 여기다가 20세기 말부터 인터넷이 보편화되자 사이버 현실도 가능하다는 것을 받아들이게 되었다. 편지를 주고받는 것은 물론 실시간으로 자신의 모습을 공유하며 대화하는 것, 거의 모든 상거래도 디지털 세계에서도 가능했기 때문이다.

특히 자라나는 MZ세대는 아날로그 현실보다 디지털 현실이 더 자연스러운 세대로서, 디지털 현실로 이주하여 새로운 놀이와 문화를 즐길 뿐만 아니라 전적으로 디지털 현실 안에서만 통용되는 가치를 생산하기 시작했다.

〈제페토〉(ZEPETO, 증강현실 아바타 서비스로, 국내의 대표적인 메타버스 플랫폼)나 온라인 커뮤니케이션 게임 〈동물의 숲〉안에서 값비싼 명품 가방과 재킷을 구매하는 행태는 기성세대에게는 이해하기 어려운 것이다. 현실에서 들고 다닐 수도 없는 가방을 왜 적지 않은 돈을 주고 사는 것일까? 그들에게는 이미 디지털 현실이 단지 가상현실이 아니라 또 하나의 현실이기 때문이다.

이렇듯 디지털 대항해시대는 이미 시작되었다. '대항해시대'(大航海時代)라는 말이 가장 적절하다. 유럽인들이 항해술을 발전시켜 세계 곳곳으로 가는 항로를 개척하고 다양한 지리상의 발견을 이룩한 15-16세기의 신항로 개척 시대를 '대항해시대'라 부른다. 그런데 이렇듯 세계 역사를 뒤집은 대항해시대처럼 새로운 시대가 전개되고 있다.

디지털 지구촌인 메타버스는 우리 그리스도인에게도 분명 새로운 기회다. 땅끝까지 이르러 복음을 전하는 데 유용한 도구가 될 수 있다. 또한 성도들은 기업 경영, 커뮤니케이션, 교육 등에 메타버스를 활용하고 이를 세상에서 승리하기 위한 좋은 도구로 삼을 수 있다.

빨리 달리는 말(馬)을 보고 자신보다 빠르다며 욕하는 사람이 있다면 얼마나 우스울까. 빨리 달리는 천리마(千里馬)와 뜀박질 경주를 하려는 사람이 있다면 얼마나 기가 막힐까. 가장 지혜로운 사람은 그 말에 올라타는 사람이다.

말이 처음 나타났을 때 사람들은 놀라며 천리마니 에쿠스(Equus, '개선장군의 말'과 '천마'를 의미하는 라틴어), 페가수스(Pegasus, 그리스 신화에 등장하는 날개 달린 말)라고 불렀다. 한마디로 신(神)이라는 것이다. 그러다가 어떤 용감한 사람이 말 등에 올라타게 되었다. 그 이후 고삐를 채우고 재갈을 물리면서 말은 인간에게 매우 유용한 도구가 되었다.

디지털 세계도 마찬가지다. 디지털에 올라타서 최대한 선하게 활용하며 제어하면 최상의 것이 될 것이다. 인공지능으로 움직이는 디지털 세계는 야생마 중에서도 최고의 야생마다. 그 야생마를 최고의 적토마로 활용할 수도 있고, 그것의 뒷발에 차일 수도 있다.

디지털 세계는 도피처가 아니다

〈월-E〉(Wall-E)라는 영화가 있다. 아무도 없는 지구에서 홀로 살아가는 쓰레기 청소용 로봇 Wall-E의 이야기다. 이 영화에서 인류가 떠나버린 지구에는 온통 쓰레기뿐이다. 우리가 모두 현실 세계가 아닌 디지털 세계로 떠난다면 이런 꼴이 될 것이다.

호르헤 루이스 보르헤스의 단편 《작가》(El hacedor)에는 〈과학의 엄밀함에 대하여〉(Del Rigor en la Ciencia)라는 흥미로운 우화가 나온다.

어느 (고대 가상의) 제국이 극도로 정밀하고 완벽한 지도를 완성했는데 얼마나 정밀하게 제작했던지 지도의 크기가 어마어마했다. 한 지방을 그린 지도는 한 도시 전체를, 제국을 그린 지도는 한 지방 전체를 덮을 정도였다.

그런데 이들은 여기에 만족하지 않았다. 현실을 더욱 정교하게 표현하는 지도를 제작하기 위해 지도의 크기를 키우기 시작한 것이다. 지도는 10만분의 1, 1만분의 1로 점점 더 커지다가 결국 현실과 동일한 1:1 축적이 되고, 마침내 지도는 현실을 모두 덮어버리며 지도가 곧 현실이 된다.

　이 지도 위에서 태어난 후손은 현실과 지도 가운데 어느 것이 실재인지 구별할 수 있을까? 결국 후대들은 이 지도가 쓸모없다는 것을 깨닫고 방치했으며, 누더기가 된 지도의 조각들은 사막의 거지와 동물들이 깔개나 이불로 쓴다.

　이 소설 속 고대인들이 가진 욕망과 메타버스 가상 세계를 향한 우리의 욕망은 서로 닮아있는 것 같다. 따라서 실재와 가상 사이에서 고대인의 후손들처럼 길을 잃지 않으려는 노력이 머잖아 우리 사이에서도 나타날지 모른다.

　디지털 세계가 확대될수록 우리의 아날로그 현실이 어떤 점에서 특별한지, 왜 메타버스 시대에도 불편하고 지루하며 문제로 가득한 아날로그 현실이 여전히 필요한지, 그리고 디지털 휴먼이 아닌 아날로그 인간을 인간답게 만드는 것은 무엇인지 깊이 생각해야 한다. 그리하여 디지털 세계를 인정하며 적극 활용하되, 디지털 가상 세계로 '도피'하지는 말아야 한다. 이것은 중요한 주제다.

　'디지털 세계로 도피하지 말아야 한다!'

　그런데 세계는 이미 '탈(脫)현실화' 현상이 많아지고 있다. 앞으로 21세기에 초가속화될 또 하나의 트렌드는 '탈현실화'다. 이미 기술적으로도 준비가 되기 시작했다. 예를 들어 일론 머스크 같은 사람들은 이제 서서히 지구를 떠나 화성으로 이주하자고 한다.

마찬가지로 현실에서 해결해야 하는 문제들이 산더미처럼 쌓여 있고 현실이 우리 힘으로 극복할 수 없는 문제들로 가득하다 보니, 디지털 세계로 도피하고자 하는 움직임이 많다.

인터넷에 올라온 사진 중에 웃지 못할 모습이 있다. 미국으로 보이는 곳에 노숙자가 길거리에 앉아서 고글을 끼고 뭔가를 하는 장면이다. 그가 무엇을 하는지 정확히 알 수는 없으나, 자신의 현실을 개선할 힘도 없고 가능성도 보이지 않자 메타버스에 들어가서 회피하는 듯 보였다.

그럴 수 있다. 길거리에서는 노숙자일 뿐이지만 가상 세계에서는 황제일 수도 있다. 그래서 아날로그 세상에서 실패한 자신의 삶을 가상 세계에서 푸는 사람이 많아질 수 있다.

그런데 아날로그 세계에서 적응하지 못해 디지털 세계로 도피하려 한다면, 실제 세계에는 더욱 적응하지 못하게 된다. 일본에서는 실제 세계에서 도피하여 가상 세계에 빠져서 실제 인간관계는 거의 망가진 채로 지내는, 일명 '은둔형 외톨이'라고도 하는 '히키코모리'가 문제가 되고 있다.

현실 세상에서 성도가 감당할 사명

디지털 세계는 도피처가 아니라 또 하나의 현실 세계다. 예수님은 성도를 세상의 빛과 소금이라고 하셨다. 현실 세상 속에서 적극적인 역할을 하기를, 즉 이 땅에 하나님의 나라가 임할 수 있도록 성도들이 사명을 다하기를 기대하신다. 그러므로 성도는 항상 문화 명령과 지상명령을 기억해야 한다.

> 하나님이 그들에게 복을 주시며 하나님이 그들에게 이르시되 생육하고 번성하여 땅에 충만하라, 땅을 정복하라, 바다의 물고기와 하늘의 새와 땅에 움직이는 모든 생물을 다스리라 하시니라 창 1:28

> 그러므로 너희는 가서 모든 민족을 제자로 삼아 아버지와 아들과 성령의 이름으로 세례를 베풀고 내가 너희에게 분부한 모든 것을 가르쳐 지키게 하라 볼지어다 내가 세상 끝날까지 너희와 항상 함께 있으리라 하시니라 마 28:19,20

많은 성도가 실제 세계에서 이 명령들을 실현하기 위해 기도하고 씨름한다. 가상 세계로 도피하여 자신의 평화만 구한다면 하나님께서 말씀하시는 '성도의 거룩한 삶'은 요원할 것이다.

꼭 기억해야 할 것이 있다. 무엇보다도, 죄성과 구원이 존재하는 현실 세계와 그런 것이 없는 가상현실은 다르다는 것이다. 하나님은 성도들이 현실 세계에서 피 흘리기까지 죄와 싸우며 성화(聖化)를 이루어가기를 기대하신다.

> 너희가 죄와 싸우되 아직 피 흘리기까지는 대항하지 아니하고 히 12:4

그런데 가상 세계는 이런 죄와의 싸움, 성화를 이루어가는 영광 등이 없고, 그저 좋고 좋은 세계다.

디지털 세계는 분명 또 하나의 현실로서, 대항해시대와 견줄 만한, 아니 그보다 더 가능성이 있는 기회의 시대다. 성도들은 이 기회를 잘 잡아 신앙과 현실 세계에서 승리하며, 더불어 아날로그 현실 세계의 소중함을 더욱 깨달아 아날로그 세계와 디지털 세계의 조화를 이루어야 할 것이다.

이 시대를 사는 성도들의 필승 전략이 세 가지 있다.

'시대를 이해하라'
'시대에 올라타라 (활용하라)'
'시대를 넘어서라'

시대를 이해하기 위하여 땅의 이야기, 인간의 이야기인 인문학을 깊이 아는 것이 좋다. 이 시대를 이해했다면, 시대에 올라타야 한다. 현대의 첨단기술을 활용해야 한다. 그리고 여기에 머물지 않고, 성경의 가치관으로 시대를 넘어서는 삶을 살아야 한다.

> 그런즉 너희가 어떻게 행할지를 자세히 주의하여 지혜 없는 자같이 하지 말고 오직 지혜 있는 자같이 하여 세월을 아끼라 때가 악하니라
> 엡 5:15,16

최재붕 《포노 사피엔스》

스마트폰은 이제
우리의 새로운 장기(臟器)다

스마트폰이 새로운 장기(臟器)가 되어, 이제 인간은 오장육부(五臟六腑)가 아니라 오장칠부(五臟七腑)를 갖게 되었다!

우리나라 사람 다섯 명 중 네 명이 가지고 있다는 스마트폰. 아침에 일어나 15분 안에 스마트폰을 보는 것은 이제 일상이 되었다. 태어나자마자 디지털 문화 속에서 자란 자녀들은 한글도 제대로 알지 못하는 상태에서 스마트폰을 쉽게 조작한다.

스마트폰은 불과 10년 사이에 전 인류의 생활에 가히 혁명이라고 부를 만한 변화를 불러왔다. 스마트폰으로 거래하고, 소비하고, 미디어를 보고, 소통하고, 심지어는 건강도 체크하고, 금융시스템까지 새롭게 정의하는 사회가 전개되고 있다.

2015년 2월, 영국의 유력 시사 경제지 〈이코노미스트〉(The

Economist)는 '스마트폰의 행성'(Planet of the phones)이라는 표지 기사를 통해서 '포노 사피엔스'(phono-sapiencs)의 시대가 도래했다고 선언했다.

스마트폰 없이는 생활하는 게 힘들어지는 새로운 인류 문명의 시대가 도래했음을 말하면서, 이들을 '지혜가 있는 인간'이라는 의미의 '호모 사피엔스'(Homo sapiens)에 빗대어 '지혜가 있는 폰을 쓰는 인간'이라는 의미의 '포노 사피엔스'로 명명한 것이다.

《포노 사피엔스》의 저자 최재붕 교수는 이제 인간은 스마트폰이 새로운 장기가 되어, 오장육부가 아니라 오장칠부를 가지게 되었다며, '포노 사피엔스'를 가리켜 '스마트폰을 신체 일부로 여기며 삶의 방식을 재정의한 사람들'이라고 말한다.

호주 출신의 철학자 데이비드 찰머스(David Chalmers)는 영국 출신의 철학자이자 인지과학자인 앤디 클락(Andy Clark)의 책 《Supersizing the Mind》를 소개하는 서언에서 "아이폰은 이미 자기 마음의 일부가 되었다"라고 선언한다.

삶 전반에 파고드는 스마트폰의 영향력

경제생활은 물론이고, 친교, 정보 습득, 여가와 취미 생활에 이르기까지 스마트폰의 영향력은 정말 놀랍다. 스마트폰은 이제 우리가 가장 가까이하는 존재가 되었고, 개인의 삶을 넘어 시장의 혁명을 이루어냈으며, 사업의 영역에도 큰 변화를 가져왔다.

BTS의 성공 신화에는 포노 사피엔스 시대 글로벌 문명의 특징이 그대로 드러난다. BTS는 공식적으로 2013년 6월 13일에 데뷔했다. 하지만 당시 BTS를 만든 빅히트엔터테인먼트는 SM, YG, JYP 같은 거대 기업에 비교조차 할 수 없는 작은 중소기획사였다. 당연히 자본력도 네트워크도 약해서 BTS를 많은 방송 무대에 내보낼 수 없었고 광고 마케팅도 할 수 없었다.

그래서 데뷔 후에도 별 존재감이 없던 이들은 다른 무대를 선택한다. 유튜브를 비롯한 SNS 활동으로 팬들을 만나기 시작한 것이다. 유튜브에 자신들의 열정, 연습하는 모습, 킬러 콘텐츠, 음악성, 춤, 팬들과 대화하는 모습, 심지어는 장난치고 노는 모습을 올렸다.

그 결과 이른바 천만 명이 넘는 '아미'(ARMY, 방탄 팬덤)를 비롯한 엄청난 팬들이 세계에 생기면서 세계적인 그룹이 되었다. 과거와 다른 새로운 방식으로 스타가 된 것이다.

KBS, MBC, SBS 등 대한민국 최고의 지상파 방송국들은 스마트폰이 대중화되기 시작한 2010년 이후 거의 7년 만에 매출이 반으로 줄었다. 매출이 절반으로 줄면 당연히 혁명에 가까운 무서운 구조조정을 해야 한다.

지상파 방송국은 힘이 50퍼센트 사라졌고, 그 50퍼센트의 힘을 유튜브와 포털사이트가 가지게 되었다. 이제 수백만, 수천만 명의 팔로워를 가진 유튜버는 9시 뉴스의 앵커보다 영향력 있는 존재가 되어가고 있다.

은행으로 가보자. 텔레뱅킹, 인터넷뱅킹, 자동화기기 이 모든 것이 전부 무인 서비스다. 무인 서비스 처리 비중이 점점 높아져 은행 전체 업무의 90퍼센트를 넘어서고 있으며, 은행 창구에서 사람이 처리하는 것은 불과 9.5퍼센트 정도다.

은행의 여러 지점이 폐쇄되었고, 이에 은행들은 디지털 플랫폼을 구축하고 이를 기반으로 새로운 서비스를 기획, 개발하고 있다. 우리가 스마트폰으로 사용하는 카카오뱅크, 토스, 그 외 새로운 스마트폰 기반의 금융서비스들이 은행에 새로운 혁명을 가져온 것이다.

유통도 그렇다. 모바일 쇼핑이 어마어마한 속도로 늘고 있다. 옷도 모바일 쇼핑에서 구입하고, 배달 음식은 이미 대세이고, 집을 살 때도 먼저 인터넷으로 살핀다. 의식주의 거의 모든 것을 다운로드로 해결한다.

미국에서는 아마존 같은 인터넷 주문 시스템 때문에 백화점 3분의 1, 소매점의 20퍼센트가 문을 닫았다. 아마존은 100년 만에 절대 불가침의 철옹성과 같았던 백화점을 무너뜨리고 있다. 실제로 코로나 이후 JC 페니, 니만 마커스, 120년 전통의 시어스 백화점이 파산해버렸다.

영국의 100년 넘은 백화점 데버넘스, 독일의 100년 넘은 백화점 카우프호프도 결국 파산 신청을 했다. 100년 된 백화점의 이러한 모습은 100년 동안 큰 변화가 없었던 유통에 이제는 거스를 수 없는 혁명의 시간이 왔음을 의미한다.

중국에는 개인 방송을 해서 물건을 파는 직업이 생겼다. 이런 일을 하는 사람을 '왕훙'이라고 하는데, 온라인상의 유명인사를 뜻하는 '왕루어훙런'(网络红人)을 일컫는 말이다. 얼마 전 이 왕훙들이 올린 매출만 15조 7천억이라고 한다.

예를 들면, 왕훙이 동대문 시장에 와서 한 점포에서 쇼호스트처럼 옷을 입어보고 설명해주며 그 모습을 생방송으로 내보낸다. 그러면 보고 있던 시청자들이 그 옷을 사고 싶다고 연락하고, 매진되면 왕훙은 또 다른 가게로 간다. 이렇게 방송하면서 물건을 판다.

이렇게 편한 영업이 어디 있는가. 재고도 없고, 미리 돈을 받고서 파생되는 이익을 챙기고, 물건은 전파하는 것이다. 새로운 미디어의 문명이 새로운 비즈니스를 만들어내는 것이다.

이렇듯 우리가 매일 보고 있는 방송, 은행 업무, 물건을 사고파는 시장이 스마트폰 모바일 중심으로 급변하고 있다. 이 모든 변화를 만드는 것이 바로 포노 사피엔스들이다.

디지털 문명으로 전환되는 시대

영국의 글로벌 브랜드 가치평가 기관인 '브랜드 파이낸스'(Brand Finance)가 조사한 2023 글로벌 500대 브랜드에서 TOP 6 브랜드는 아마존, 애플, 구글, MS, 월마트, 삼성이었다. 이들은 대부분 스마트폰과 관련된, 즉 포노 사피엔스 시대의 대표 기업들이다.

세계 10대 기업 중 마이크로소프트, 애플, 아마존, 구글, 페이스북, 알리바바, 텐센트 등 7개 기업은 스마트폰을 든 인류를 위해서 비즈니스 모델을 새로 만든 기업들이다.

뉴욕대 스턴경영대학원 스콧 갤러웨이 교수는 자신의 저서 《플랫폼 제국의 미래》(The Four: The Hidden DNA of Amazon, Apple, Facebook, and Google)에서 지금 인류의 삶에 지대한 영향을 주고 있는 4개의 기업 '더 포'(The Four), 즉 애플, 구글, 아마존, 페이스북을 말한다.

애플은 30억이 넘는 사람들이 스스로 스마트폰을 사용하게 만들었다. 구글은 스마트폰을 손에 쥔 사람들에게 최고의 검색 기능을 부여했고, 페이스북은 인터넷을 통한 교감을 재정의했다. 아마존은 소비자가 버튼만 누르면 구매할 수 있도록 소비생활을 바꿨다. 특히 애플은 견고한 '아이폰 생태계'를 구축하고 강력한 팬덤에 힘입어 새로운 디지털 문명의 창시자가 되었고, '더 포'의 근간을 만들었다.

이들 네 기업은 스마트폰을 중심으로 세상의 문명을 바꿨다. 인류의 습관을 바꿨다는 것이다. 현대에서는 애플, 구글, 아마존, 페이스북 같은 것을 잘 쓰는 사람이 표준이 되어 간다. 다시 말해, 스마트폰을 신체의 일부처럼 쓰는 인류가 이제 표준 인류가 되어간다는 의미다.

특히 1980년 이후 태어난 밀레니얼 세대가 스마트폰을 손에 쥐면서 디지털 문명을 선도하고 있다. 우리 자녀들은 태어났더니 인터넷이 연결되어 있다. 컴퓨터와 스마트폰이 그냥 일상의 도구다. 친구를 만나든, 일하든, 공부를 하든 스마트폰 없이는 아무 생활도 할 수 없을 지경이다.

기성세대가 '무궁화꽃이 피었습니다'나 딱지치기, 달고나 뽑기, 구슬치기, 줄다리기, 징검다리 건너기, 오징어 놀이 등을 어릴 적 향수로 떠올릴 때, 이들은 스마트폰을 떠올리게 된다.

시대가 이렇듯 급변하고 있다. 코로나 이후 시대를 이야기하는 뉴노멀(New normal, 큰 사건이나 위기 이후 새롭게 변화한 세상의 기준)은 한마디로 디지털 문명으로의 대전환이다. 우리는 하루하루의 모든 일상이 디지털 문명으로 급변하는 시기에 살고 있다.

디지털 신대륙의 신기술을 하나님께

여러 면에서 동양에 밀리던 서양이 동양을 앞서기 시작하는 결정적 시기가 바로 대항해시대다. 이 시기 유럽인들은 항해술을 발전시켜 아메리카로 가는 항로, 아프리카를 돌아 인도와 동남아시아, 동아시아로 가는 항로를 발견하고 최초로 세계를 일주하는 등 다양한 지리상의 발견을 이룩했다.

유럽은 이전까지 중국과 비교해 경제력, 문화적 역량 등 모든 면에서 열세를 면치 못했다. 송나라 때의 중국 문명만 해도 그 규모나 성과에서 같은 시대의 중세 유럽보다 앞서 있었다.

그러나 대항해의 결과, 유럽은 신대륙에서 엄청난 양의 은과 각종 물자를 들여와 경제적으로 급성장하고, 무역 등을 통한 상업 자본이 성장했다. 유럽 사회는 서서히 자본주의 경제 단계로 발전해갔고, 자본가들은 유럽 사회의 새로운 주인공으로 등장하기 시작했다.

특히 콜럼버스가 아메리카 대륙을 발견한 것은 대항해시대의 하이라이트라고 할 수 있는데, 이때 유럽의 국가들은 아메리카 대륙으로 건너가서 개척했다. 새로운 세계가 열리고, 세계관이 바뀐 것이다. 그리고 거기서 엄청난 부를 축적하고, 경제력을 극대화하더니 과학기술을 발전시켰다.

이로 말미암아 유럽이 세계 문명의 표준으로 성장할 수 있었다. 대항해시대 성과의 축적 속에 영국에서는 와트가 증기기관을 발명하며 산업혁명이 일어나고, 제국주의가 태동했다.

지금은 디지털이라는 신대륙을 발견한 시대다. 드넓고 창연한 새로운 기회다. 이제 사람들은 유튜브, 페이스북을 통해 한 달에 20억 명이 서로 대화한다. 만나는 장소는 어디인가? 어디든 다 만나는 장소다. 디지털 신대륙에서 만나 인터넷을 바탕으로 전 세계로 지식과 문명을 퍼뜨린다.

이제는 디지털 신대륙에서 어려서부터 호기심을 일깨우고, 디지털 속 새로운 대륙으로 탐험을 나가서 거기서 많은 인맥을 맺어가는 시대다. 그리하여 분명한 것은, 앞으로 이런 디지털 신기술, 디지털의 새로운 문명을 만들고 선도하는 기업이 세계를 주도하리라는 것이다.

종교 개혁 당시 기막힌 하나님의 섭리가 있었다. 그때 마침 지금의 IT에 해당하는 인쇄술이 발명되었고, 그 덕분에 마르틴 루터의 95조 반박문 및 성경이 독일어로 번역, 보급되어 일반 성도들의 손에 들리게 되었다. 인쇄술로 인해 종교 개혁의 사상이 널리 퍼질 수 있어서 성공을 거둘 수 있었다. 하나님이 그 시대의 최첨단 기술을 사용하신 것이다.

그리스도인들은 지금의 최첨단 기술들을 하나님께서 마음껏 사용하실 수 있도록 사명을 다해야 할 것이다. 특히 다음 세대에 신앙을 전수하기 위해서는 다음세대의 새로운 장기인 스마트폰을 이해하고 활용하는 것이 절대적이다.

신학자 라인홀드 니부어(Karl Paul Reinhold Niebuhr)가 남긴 것으로 알려진 기도문에 이런 구절이 나온다.

"하나님,
내가 변화시킬 수 없는 것들은 묵묵히 받아들일 수 있는 마음을 주시고, 변화시킬 수 있는 것들은 바꿀 수 있는 용기를 주십시오.
그리고 무엇이 변화시킬 수 없는 것이며, 무엇이 변화시킬 수 있는 것인지 구분할 줄 아는 지혜를 주옵소서."

그리스도인들은 누구보다도 세상을 연구하고 살펴서 세상의 흐름과 핵심 포인트를 잘 알아야 한다. 그래야 효과적으로 복음을 전하고, 세상에서 빛과 소금의 역할을 제대로 할 수 있다.

…선지자들이 연구하고 부지런히 살펴서 벧전 1:10

니콜라스 카 《생각하지 않는 사람들》

기계는 생각하고
사람은 생각하지 않고

　이세돌과 인공지능 알파고의 바둑 대결은 우리가 처하게 될 현실 및 미래의 상황을 보여주는 그림자일 수도 있어 뇌리에서 떠나지 않는다. 이 대결에서 인간이 처하게 될지도 모르는 처지를 보여주는 것이 있다. 그것은 이세돌도 알파고도 아니라 알파고의 지시에 따라 그저 덤덤하게 바둑돌을 놓던 아자황(Aja Huang)의 모습이다. 대만의 컴퓨터과학자로 알파고의 개발자 중 한 명인 그가 그 대국에서는 아무 생각을 하지 않고 그저 알파고의 아바타 역할을 할 뿐이었다.

　기계는 끊임없이 생각(?)하는데, 사람은 생각을 잃어가고 있다. 저명한 IT 미래학자 니콜라스 카는 그의 저서《생각하지 않는 사람들》(The Shallows)에서 문자의 탄생, 독서, 인쇄술을 거쳐 오늘날 인터넷에 이르기까지의 역사를 조망하면서, 인터넷과 스마트폰 같은 첨단 디지털 기기가 우리의 사고방식과 뇌에 미치는 영향에 대해 밝히고 있다.

그의 결론은 우울하다. 문명의 이기 덕에 수많은 정보를 접촉할 수 있는 우리의 뇌가 지식의 축적으로 더 깊은 사고력을 갖추게 되면 좋겠는데 그렇지 않다는 것이다.

> "나는 컴퓨터를 사용하지 않을 때조차도 이메일을 확인하고, 링크를 클릭하고, 구글에서 무언가를 검색하고 싶어했다. … 마이크로소프트 워드는 내게 살과 피와 같은 워드프로세스가 되었고, 인터넷은 나를 초고속 데이터 처리 기기 같은 물건으로 바꾸어 놓았다. … 변해가고 있었다. 나는 이전의 뇌를 잃어버린 것이다."[4]

인터넷, 스마트폰을 비롯한 디지털 기기의 사용으로 우리의 지식은 깊이를 잃어가고 있으며, 더군다나 우리의 뇌는 여기에 적응해가면서, 즉흥적이고 얕은 지식을 축적하기 위해 변화하고 있다는 것이다. 깊은 사고를 담당했던 뇌의 안타까운 변화다. 즉, 우리는 점점 '생각하는 능력'을 잃어가고 있다는 그늘진 분석이다.

디지털 기기에 의존해 사고력을 잃어가는 사람들

사람의 뇌는 그가 무엇을 어떻게 보느냐에 따라 그 구조가 변화하며, 동시에 사고하는 방식에도 중대한 변화가 일어난다.

인터넷은 질문을 하면 즉각 답을 준다. 원하는 정보를 찾기 위해 도서관의 도서 목록 카드와 서가를 뒤지거나 책장을 넘길 필요 없이, 원하는 정보를 눈앞에 바로 가져다준다. 호기심이 성숙할 시간을 주지 않는다.

그러는 동안 사람은 하나에 집중하지 못하고 쉴 새 없이 새로운 정보를 탐닉하고, 의미 없는 정보에 관심을 빼앗겨버려 집중력과 깊은 사고력을 잃게 된다. 즉 '생각하지 않는 사람'이 되어간다. 니콜라스 카의 표현대로, 전에는 언어의 바다, 생각의 바다를 헤엄치는 스쿠버 다이버였지만, 이제는 제트 스키를 탄 사내처럼 겉만 핥고 있다.

편리하고 유용한 디지털 기기에 많은 것을 의존하다 보니 이제는 간단한 기억 능력조차 디지털 기기에 의존한다. 가족, 친구, 지인의 전화번호를 수십 개씩 기억하던 우리가 이제는 스마트폰을 잃어버리면 부모 형제의 전화번호도 알지 못하는 신세가 되었다. 사람들이 내비게이션에 목적지를 설정하고 그것이 안내하는 대로 운전하면서 길눈이 점점 어두워져, 이제 내비게이션 없이는 운전을 못 하는 길치가 되어간다.

수시로 날아드는 SNS 메시지가 잠시도 틈을 주지 않고 어서 빨리 내 메시지에 반응을 보여달라고 재촉한다. 수시로 날아드는 수많은 정보에 반응하기 위해 뇌는 잠시도 쉴 틈이 없으며, 집중하는 뇌 기능은 점점 약화되고 있다.

"거실에는 TV가 있다. 차 안에는 DMB가 있다.
가장 은밀한 장소-화장실-까지 따라오는 스마트폰이 있고
비행기 좌석 앞에는 어김없이 스크린이 있다.
심지어 엘리베이터 안에는 늘 켜져 있는 모니터가 있다.
이쯤 하면 음모론이 의심되지 않는가?
인간에게 사색할 시간을 주어서는 안 된다는
외계인의 음모론."[5]

김은주의 《1cm art》에 나오는 이 구절처럼, 가히 인간을 멍청하게 만들려는 외계인의(?) 음모라 할 수 있다.

창조력의 핵심은 '생각'이다. 생각하지 않고 상상하지 않으면, 생각할 수 없다면 창조도 할 수 없다. 우리가 새로운 것을 창조해낼 수 있는 것은 존재하지 않는 것조차 생각하고 상상할 수 있기 때문이다.

검색은 사색이 아니다. 깊은 생각 끝에 길어 올린 사색의 샘물은, 생각 없이 간단히 건져 올린 검색의 수돗물과 그 향기와 깊이가 다르다. 생각하는 대로 살아야 한다. 그렇지 않으면 머지않아 폴 발레리(Paul Valery)의 말처럼 사는 대로 생각하게 된다.

'아자황' 이야기로 돌아가자. 구글 딥마인드 프로그래머이자 아마 6단 정도의 바둑 고수인 그가 자기 생각을 접고 마치 아바타처럼 인공지능의 명령에 따라 바둑돌을 옮기는 장면은 우리가 처해가는 현실과 미래의 모습을 묘사하는 듯하다.

인공지능 기계는 점점 생각하고 있고, 사람은 생각을 잃고 있다. 잘 기억하지도 못하고, 긴 글을 집중해서 읽지도 못하고, 고요하게 사색하지도 못하고, 상상력과 창의성은 약화되고, 상황 판단의 능력마저 떨어지는 사람이 되어간다.

깨어 있어 깊이 사고하고 질문하라

스탠퍼드대 경영대학원 교수로, 미국 경영학의 대부라 불리는 짐 콜린스는 그의 저서 《좋은 기업을 넘어 위대한 기업으로》 (Good to Great: Why Some Companies Make the Leap... and Others Don't)에서 유명한 교훈을 준다.

"좋은 것은 위대한 것의 적이다!"
Good is the enemy of Great

좋은 것에 취해 좋은 것보다 더 위대한 것을 접어버린다면 슬픈 일이다. 인공지능이 선사하는 편리함과 유용함은 '좋은 것'이다. 그러나 생각하는 기쁨은 '위대한 것'이다.

세상이 참 좋아졌다. 그러나 이 세상에 아무리 좋은 것이 많아도 하늘나라의 것과 비교할 수 없다. 세상의 좋은 것에 취해 하늘의 위대한 것을 잃어버린다면 가장 어리석은 인생이다.

교회와 성도의 사명 중 하나는 이 땅을 향한 하나님의 뜻이 무엇인지, 그리고 그분이 이 땅에 어떻게 일하고 계신지에 계속 깨어서 열려 있기를 배우는 것이다.

예수님도 십자가에 달리시기 전 겟세마네 동산의 어두워진 하늘 아래 밤기도를 하실 때, 제자들에게 자신과 함께 깨어 있기를 부탁하셨다.

> …너희는 여기 머물러 나와 함께 깨어 있으라 하시고 마 26:38

그러나 제자들은 깨어 있지 못하고 잠이 들었다. 예수님은 다시 말씀하셨다. 이번에는 더 영적이다.

> 시험에 들지 않게 깨어 기도하라… 마 26:41

이는 제자들이 단순히 잠에서 깨어 있기만을 말씀하시는 것이 아니라, 기도와 영적 각성으로 악한 마귀의 간계를 대적하고 하나님나라를 이루어가기를 요청하신 것이다. 그러나 제자들은 또다시 잠에 빠졌다.

예수님은 홀로 남겨져 그 긴 밤 내내 눈물과 피로 기도하셨다. 그분은 잠들지 않으셨다. 그 은혜로 오늘의 우리가 있다.

성경은 우리가 하나님을 향해 계속 깨어 있기를, 또한 세상에서 하나님이 행하시는 일에 민감하기를 요청한다. 제트 스키를 탄 사람처럼 바다 위를 스쳐 가기만 하는 생각이 아니라 스쿠버 다이버처럼 깊은 바닷속으로 들어가 유영하는 영적이고 깊은 생각을 하라고 요청한다.

무엇보다 깊이 생각해야 하는 것은 죽음과 결산의 날이다. 우리 시대의 영성 깊은 기독교 작가 C. S. 루이스도 현시대 사람들은 존재의 깊은 질문을 던지지 않고 무관심하며, 오직 어떻게 해야 성공할지만 고민할 뿐이라면서 탄식했다.

생각이 사라져 가는 세대 가운데 영원에 관해 짙은 고민을 하는 사람은 복이 있는 사람이다.

> 이러므로 너희도 준비하고 있으라 생각하지 않은 때에 인자가 오리라 마 24:44

엘리 프레이저 《생각 조종자들》

현대의 도둑 삼총사를 경계하라

생각의 도둑들

'필터 버블', '확증 편향', '반향실'

이 셋은 현대의 도둑 삼총사다. 서로서로 합세하고 연결하여 우리를 감옥으로 몰아넣고 있다.

필터 버블

미국의 온라인 정치시민단체 '무브온'(Move On)의 이사장 엘리 프레이저는 그의 저서 《생각 조종자들》(The Filter Bubble)에서 알고리즘에 의해 좁은 정보 울타리에 갇히는 현상을 가리키는 '필터 버블'(Filter Bubble)이라는 개념을 소개했다.

'필터 버블'이란, 인터넷기업(정보 제공자)이 사용자의 취향과 기호를 파악하여 그 관심에 맞는 정보만을 제공함으로써, 사용자가 버블, 즉 자신의 취향에 따라 만들어진 작은 공기 방울 속에 갇히게 되는 현상을 지칭한다. 다시 말하면, 정보 제공자가 정보 이용자에게 그가 좋아하는 맞춤형 정보만을 계속 제공함으로써, 이용자가 편향된 정보 속에 갇히게 되는 현상이다.

정보 제공자가 제공하는 필터가 전혀 없다면, 무한한 정보의 바다에서 원하는 것을 손에 넣기 위해 상당한 노력을 기울여야 할 것이다. 그런 점에서 필터 버블은 필요한 정보를 찾거나 좋아하는 콘텐츠를 즐기는 데 편리한 도구임에는 틀림이 없다.

그러나 필터 버블이 강화될수록 인터넷 세상은 좁고 닫힌 공간으로 변할 수 있다. 우리는 인터넷에서 생각지 못했던 의외의 정보를 접하거나 자신도 몰랐던 새로운 취향을 발견하기를 기대하는데, 필터 버블은 이러한 것을 차단하는 결과를 가져온다.

창의성은 익숙한 것들의 만남에서 벗어나 낯선 것들의 결합에서 나오는 경우가 많다. 그런데 한때 열린 사고와 개방성과 다양한 정보를 주었던 인터넷이 필터 버블 속에서 제한된 정보만을 제공하면서, 창의력을 잃게 만들고 있다.

확증 편향

이와 연결된 또 하나의 위험이 '확증 편향'(Confirmation Bias)이다. 확증 편향이란 자신이 가진 신념이나 선입관을 뒷받침하는 정보나 근거만 선택적으로 수용하는 것을 의미한다. 즉, 자신의 선입견에 맞는 것만 수용하거나 자신에게 유리한 정보만을 선택적으로 받아들여 자신이 보고 싶은 부분만 보는 것이다.

보통 사람들은 과학적, 역사적 증거나 사실이 있는 경우 자기 생각이 잘못되었으면 수정해 나간다. 그러나 확증 편향을 가진 사람은 그러지 않는다. 확증 편향에 빠지면, 자신이 좋아하는 의견이 역사적, 과학적, 객관적 보편 타당성이 없어도 그 생각을 반성하지 않는다.

이러한 확증 편향은 소셜미디어의 필터 버블을 통해서 강화된다. 소셜미디어에서는 사용자가 좋아하는 정보만을 지속해서 제공하고, 결국 그렇게 필터링된 정보가 사용자를 그 안에 가둔다.

반향실

또 하나의 형제 도둑을 보자. 작은 욕실에서 노래를 부르면 자기 목소리가 공명이 되면서 자기 귀로 다시 크게 들어온다. 이렇게 소리가 잘 울리도록 설계한 방을 에코 체임버(echo chamber), 즉 '반향실'(反響室)이라고 한다.

자기가 듣고 싶은 이야기만 해주는 사람들로 소셜미디어의 관계를 구축하고, 성향이 비슷한 사람들로 가득한 공동체에만 가입하면 자신의 목소리가 합리적이고 대세라고 착각하게 된다. 그리하여 반향실에 들어선 사람은 자신의 '과거'와 '성향'으로부터 떠날 수 없게 되고, 자신이 모른다는 사실을 모르게 된다. 또한 자신의 신념에 확신이 없다가도 비슷한 성향을 가진 사람들이 하는 행동을 보고 점점 더 과감한 행동을 하게 된다.

이러한 과잉 신념에 빠지면 무엇이 진실이냐에 귀를 기울이지 않는다. 합리적인 증거조차 부인해 버린다. 자신의 믿음이 흔들리는 것을 싫어해 자신의 신념과 반대되는 증거를 없애거나 무시해 버린다.

이른바 사회의 큰 문제로 대두된 '가짜 뉴스'는 바로 이런 사람들을 표적으로 삼는다. 에덴동산의 뱀이 아담과 하와를 거짓말로 현혹했듯이, 현대는 가짜 뉴스로 사람들을 현혹한다.

이렇듯 필터 버블, 반향실, 확증 편향은 현대를 상징하는 그늘이자 우리를 감옥에 가두는 도둑 삼총사다. 이것들이 증대하면 증대할수록 건설적이고 창조적인 생각은 사라지고 사람은 더 극단적인 존재가 된다.

편견을 반성하고 그 감옥에서 나오라

거장 김수영 시인은 〈절망〉이라는 시에서 진짜 절망에 관해 이렇게 말한다.

풍경(風景)이 풍경(風景)을 반성하지 않는 것처럼
곰팡이 곰팡을 반성하지 않는 것처럼
여름이 여름을 반성하지 않는 것처럼
속도(速度)가 속도(速度)를 반성하지 않는 것처럼

졸렬(拙劣)과 수치가 그들 자신을 반성하지 않는 것처럼

(중략)

절망(絶望)은 끝까지 그 자신을 반성하지 않는다.[6]

"절망은 끝까지 그 자신을 반성하지 않는다!"
 반성할 수 있는 절망은 절망이 아니다. 오히려 희망의 다른 이름이다. 진짜 절망은 반성하지 않는 절망이다. 지성과 영성이란 자기반성을 할 줄 아는 능력을 의미한다. 인간은 반성을 통해 인간다워진다. 반성을 통해 존재의 진정한 모습을 찾아간다.
 시인은 반성을 모르는 위험한 존재들, 풍경, 곰팡, 여름, 속도, 졸렬, 수치 등을 보며 한탄한다. 자신이 편견의 감옥 속에 빠진 것을 반성하지 않을 때, 시인의 표현에 의하면 절망이다.

 한 낚시꾼이 오른손에는 낚싯대, 왼손에는 25센티미터 자를 들고 낚시를 하고 있었다. 그는 고기를 잡을 때마다 자로 물고기 길이를 재서 고기가 자의 길이보다 크면 버리고, 작으면 아이스박스에 담았다.
 이를 지켜보던 사람이 이상하게 여겨 묻자 낚시꾼은 "우리 집 프라이팬은 지름이 25센티미터거든요. 프라이팬보다 더 큰 것은 먹을 수 없어서요"라고 대답했다.
 그 낚시꾼은 25센티미터 인생을 살고 있었다. 편견과 아집에 사로잡혀 있다면 '25센티미터 인생'을 사는 것이다.

그렇다면 이런 감옥에서 빠져나오는 법은 무엇일까? 많은 전문가가 '독서'가 도움을 준다고 말한다. 올바른 독서는 편견과 아집이라는 감옥을 깨뜨린다. 그래서 책에 대하여 프란츠 카프카는 '마음속의 얼어붙은 바다를 깨는 도끼'여야 한다고 했고, 프리드리히 니체는 '망치'라고 했다. 분명 독서는 얼어붙은 사고를 부수는 쇄빙선(碎氷船)이다.

내 생각과 다른 책은 읽지 않고 자기가 좋아하는 책만 읽다 보면, 독서가 오히려 확증 편향을 더 강화시킬 수도 있다. 사고의 전환은 나와 다른 생각, 불편한 생각과 만날 때 시작된다.

고착된 사고를 깨뜨리는 성경

이런 의미에서 성경은 너무나 유익하다. 우리는 성경을 통해 죄성 가득한 내 생각과 다른 하나님의 생각을 볼 수 있다.

> 이는 내 생각이 너희의 생각과 다르며 내 길은 너희의 길과 다름이니라 여호와의 말씀이니라 이는 하늘이 땅보다 높음같이 내 길은 너희의 길보다 높으며 내 생각은 너희의 생각보다 높음이니라 사 55:8,9

사람들은 자기 죄를 합리화해주는 수많은 개념을 만들어 오면서 자신을 스스로 죄의 방에 가두어 왔다. 그러나 성경은 죄에 빠진 인간들의 죄성을 만족시켜주는 말을 하지 않는다. 죄는 죄이고 아닌 것은 아니라고 말해준다. 성군(聖君) 다윗의 허물까지도 모두 말하면서, 인간의 삶을 과장하지도 미화하지도 않고, 있는 그대로의 모습을 보여준다.

무엇보다도 성경은 사람의 관점을 넘어 사람이 인지할 수 없는 낯선(?) 하나님의 관점까지 보여주면서, 고착된 우리의 사고를 깨주는 망치 역할을 한다. 그리하여 죄와 편견의 좁은 방에 갇힌 우리를 탈출시키고 생각의 지경을 넓혀준다. 4차 산업혁명의 시기에 성경에 더욱 집중해야 하는 중요한 이유다.

> 이에 예수께서 제자들에게 이르시되 누구든지 나를 따라오려거든 자기를 부인하고 자기 십자가를 지고 나를 따를 것이니라 마 16:24

주님은 자기를 부인하고 그분을 따르라고 말씀하셨다. '자기 부인'에 대한 여러 해석이 있지만, '내가 틀렸고 하나님의 생각이 맞다'라는 것을 받아들이는 것을 '자기 부인'이라고 한다. 성령님의 도움으로 성경 말씀을 마음에 새기면 자기를 부인하며 편견에서 벗어나 주님을 바라보게 된다.

'코이'라는 물고기가 있다. 관상용 잉어다. 어항에서 기르면 피라미가 되고, 강물에 놓아 기르면 대어가 되는 신기한 물고기다. 좁은 어항에 넣고 키우면 겨우 5-8센티미터 정도로 자라지만, 연못에 넣고 키우면 20센티미터까지 자란다고 한다. 신기한 것은 이 물고기를 강물에 놓아주면 1미터가 넘는 큰 물고기로 자란다는 것이다.

'5센티미터'와 '1미터' 사이의 상거(相距)를 보라. 마음과 꿈이 어항에 있는 사람이 있다. 연못에 있는 사람이 있고, 드넓은 강물에 있는 사람이 있다. "큰 숲 사이로 걸어가니 내 키가 더욱 커졌다"라는 말이 있다. 꿈꾸는 사람과 함께하면 꿈이 생기고, 독을 품은 사람과 함께하면 나도 독을 품게 된다.

하나님은 '필터 버블', '확증 편향', '반향실'의 어항에 갇혀 있는 우리를 연못으로 인도하시고, 강으로 인도하신다. 큰 강에서 큰 것을 보고, 느끼고, 자라게 하신다. 그리고 강보다 더 넓은 하나님의 품으로 인도하신다.

> 그들을 주신 내 아버지는 만물보다 크시매… 요 10:29

만물보다 크신 하나님의 품! 믿음은 이런 하나님의 품에서 헤엄치는 것이다. 하나님과 나를 포개는 것이다. 그러면 내 수준으로 살지 않고 하나님의 수준으로 살게 된다.

파리드 자카리아 《하버드 학생들은 더이상 인문학을 공부하지 않는다》

하버드대학이 멈춰 서고 있다

"의학, 법률, 경제, 기술 따위는 삶을 유지하는 데 필요해. 하지만 시와 미, 사랑, 낭만은 삶의 목적인 거야."

영화 〈죽은 시인의 사회〉에 나오는 키팅 선생의 명대사다. 학생들에게 꿈과 영감을 주는 키팅 선생님은 《월든》의 작가 헨리 데이비드 소로의 "깊게 살고 삶의 정수를 끝까지 마시라"라는 격려를 던져준다.

학부 시절, 대학다운(?) 맛은 교양 수업에 있었다. 전공과목은 현실성을 키워주었지만, 교양 과목은 눈에 보이지 않는 정신적 소양을 길러주었다. 교양 과목이 없었더라면 삶의 넓이를 몰랐을 것이다. 전공과목의 '깊이'는 교양 과목의 '넓이'와 결합할 때 더욱 빛을 발한다.

저널리스트이자 작가인 파리드 자카리아는 그의 저서 《하버드 학생들은 더이상 인문학을 공부하지 않는다》에서 교양 수업은 단순히 인문 교양력을 높이는 데 그치지 않고, 현대 사회를 살아가는 데 필수적인 능력까지 키워주는 '현실성'도 있다고 말한다.

이 책의 원제목은 'In Defence of Liberal Education'(교양 교육을 수호하며)으로, 〈뉴욕타임스〉는 "위기에 봉착한 사상을 이해하기 쉽게 옹호하는 꼭 필요한 책"이라는 찬사를 보냈다.

'청년 키신저'란 별명을 가진 저자 파리드 자카리아는 하버드 출신의 국제정치 분야 특급 전문가다. 〈포린 어페어스〉(Foreign Affairs, 미국외교협회가 격월간으로 발행하는 잡지)의 최연소 편집장을 지냈고, 〈워싱턴 포스트〉 칼럼니스트이자 〈애틀랜틱〉 객원 기자이며 〈뉴욕타임스〉 베스트셀러 저자이기도 하다. '동시대 가장 영향력 있는 외교정책 자문'으로 꼽혀 왔으며, 〈포린 폴리시〉(Foreign Policy, 〈포린 어페어스〉와 함께 국제 문제 전문지의 양대 산맥으로 불리는 미국의 격월간 간행물)에서 선정한 전 세계 100대 사상가다.

그는 다양한 사례를 통해, 기술 대혁명이 일어나는 현대에는 인문학 같은 교양 교육이 중요하다는 것을 증명한다. 그중에 인상적인 것이 있다. 국제학업성취능력평가(PISA)에서 미국은 항상 중간 정도이고 아시아 국가 학생들은 늘 최고 성적을 독점하는데, 세계에서 가장 창의적인 과학자와 기업가, 발명가 등은 아시아가 아닌 미국에서 많이 나온다는 것이다.

자카리아는 이를 미국의 인문 교양 교육 때문으로 보았다. 시험으로는 제대로 평가할 수 없는 창의력과 호기심, 열정 등은 인문 교양 교육에서 솟아나며 좋은 교양서가 많을수록 사회가 발전한다고 말했다.

교양 교육의 선물

그런데 그는 이제 미국에서도 이런 교양 교육을 서서히 소홀히 하고 있다고 경고한다. 사실 그렇다. 영미권 대학이라고 하면 영화 〈죽은 시인의 사회〉에 등장하는 웰튼고등학교 같은 이미지, 즉 철학, 사색, 토론 같은 단어가 자연스레 떠오른다.

그러나 미국의 대학도 점점 기능 위주의 교육에 무게를 두며 이제는 인문 교양이 뚜렷한 퇴조를 보이고 있다. 교양의 중요성에 주목해온 하버드대학교조차 인문학과 교양 교육을 외면하고 있고, 몇몇 주의 주지사들은 교양 교육을 지원하는 데 납세자들의 돈을 낭비하지 않겠다는 공언까지 할 정도다.

한국에서도 인문 교양의 영역은 점점 더 축소되고, 대학의 모든 자원과 인력이 이공계에 몰릴 뿐만 아니라 미래의 직업을 준비해야 하는 학생들은 생존을 위해 이공계를 선택하고 있다.

자카리아는 이처럼 교양 교육을 경시하는 생각은 잘못된 것이며 근시안적인 대책이라고 지적하고, 이러한 현상은 교양 교육에 대한 오해에서 비롯되었다고 말한다.

그는 교양 교육을 통해 사고하는 방법, 상황을 분석하는 힘,

자신의 의견을 설득력 있게 표현하는 방법, 다른 사람들과 어울려 함께 일하는 능력 등을 배울 수 있으며, 무엇보다도 이 모든 과정을 통해서 '스스로 학습하는 방법'을 배울 수 있다고 강조했다. 이는 급변하는 현대 사회에서 승리하기 위한 필수적 요소라는 것이다.

지금 배우는 직업 지식이 10년 후, 20년 후 우리를 보장해주지 않는다는 것은 이미 모두가 실감하고 있다. 스스로 생각하고 학습하는 방법을 익힌 사람이 변화무쌍한 세상 속에서도 중심을 잡으며 자신의 길을 개척해나갈 수 있다. 이런 측면에서 하버드대학교의 드루 파우스트 총장은 교양 교육이 학생들에게 "여섯 번째 직업을 준비하는 데 도움을 줄 수 있다"라고 했다.

다시 강조해보자. 자카리아는 현 시기를 '세계화의 가속화', '자본주의의 극단화', '테크놀로지의 발달'이라는 이 세 가지로 정의한다.

특정한 직업에 대한 지식도 곧 낡은 지식이 되어버리는 현실에서 정말 필요한 것은 창의력과 수평적 사고, 디자인과 커뮤니케이션 능력이다. 그리고 무엇보다도, 끊임없이 배울 뿐만 아니라 배우기를 즐기는 능력이 필요하다. 그런데 그 능력은 바로 교양 교육의 선물이다.

단순한 지식은 스마트폰 하나면 해결되는 세상이다. 이제는 이런 정보나 지식을 어떻게 연결하느냐가 중요하고, 정보의 홍수 속에서 적합한 정보를 골라내어 현실과 접목시키는 창의성이 필요하다.

인문 교양 교육은 '생각하는 힘', '연결하는 힘', '상상력과 창의력'을 길러준다. 따라서 자카리아는 '시야를 넓혀주는 것'을 교양 교육의 지속적인 장점 중 하나로 꼽으며, 급변하는 4차 산업혁명 시대에는 인문학과 테크놀로지를 동시에 가르쳐야 한다고 말한다.

인문학과 테크놀로지가 만나 감동을 낳는다

그의 말과 같이 우리는 위대한 문학 작품을 읽음으로써 다른 곳에서는 평생 만나지 못할 사상과 감정, 경험을 맞닥뜨리게 되고, 역사책을 통해 다른 시대의 인물들을 만나 그들의 승리와 고생으로부터 뭔가를 배운다. 물리학과 생물학을 공부하면 우주와 인간 생명의 신비로움을 그럭저럭 이해하고, 위대한 음악을 들으면 이성적으로는 이해할 수 없는 감동에 젖게 된다.

그렇다. 테크놀로지가 인문학과 결합할 때 심금을 울리는 결과물이 탄생한다.

애플사를 창업한 스티브 잡스가 2011년, 신형 아이패드를 공개하면서 "애플이 아이패드 같은 제품들을 만들 수 있는 것은 우리가 늘 과학기술과 인문학의 교차점에 서려고 노력했기 때문"이라고 했는데 이 말이 온 세계의 기업에 인문학 열풍을 일으켰다.

실제로 잡스는 영국 낭만주의 시인 윌리엄 블레이크의 시들에서 많은 영감을 받았다. 컴퓨터 황제 빌 게이츠의 독창적인 사고도, 디자인 천재 필립 스탁의 아이디어도 모두 시적 영감에서 나왔다고 알려졌다.

페이스북의 창립자 마크 저커버그도 그러하다. 그는 고등학교에서 고대 그리스어를 집중적으로 공부했고, 대학에서 심리학을 전공했다. 페이스북을 지금처럼 키워낸 결정적인 통찰은 테크놀로지와 심리학의 힘이었다.

저커버그가 여러 인터뷰와 강연에서 지적했듯이, 페이스북이 등장하기 전에는 사람들이 대부분은 인터넷에서 자신의 신분을 감추었다. 그러나 그는 누구에게나 진정한 신분으로 자기만의 문화를 만들어내며 자신의 모습을 친구들에게 자발적으로 드러내고 싶은 욕구가 있다는 것을 꿰뚫어 보았고, 그런 통찰이 페이스북을 만들게 되었다. 그의 표현을 빌면, 페이스북은 테크놀로지의 산물인 만큼이나 심리학과 사회학의 산물이다.

이렇듯 인문학과 테크놀로지가 연결되면 감동적인 작품이 나온다. 현대 테크놀로지의 힘은 우리 모두 익히 알고 있지만, 그 테크놀로지에 영혼을 실어주는 것은 인문학이다. 고수(高手)는 바로 이 점을 간파한다.

성경의 가치관으로 방향을 잡아라

그러나 이것으로는 부족하다. 성경의 가치관이 결합되어야 한다. 그렇지 않으면 '방향'을 잃어버린다. 현대에 강력한 영향을 미치고 있는 무신론자 유발 하라리의 말을 들어보자. 그는 하나님을 배제하며 인간에 대한 신뢰를 잡아보려 하지만, 마음속의 두려움을 이렇게 말했다.

"우리의 기술은 카누에서 갤리선과 증기선을 거쳐 우주왕복선으로 발전해왔지만, 우리가 어디로 가고 있는지는 아무도 모른다. 과거 어느 때보다 강력한 힘을 떨치고 있지만, 이 힘으로 무엇을 할 것인가에 관해서는 생각이 거의 없다. … 스스로 무엇을 원하는지도 모르는 채 불만스러워하며 무책임한 신들. 이보다 더 위험한 존재가 또 있을까?"[7]

힘을 가진 자가 자신이 가야 할 방향을 모른다면, 힘을 가진 자가 악마의 마음을 가지고 있다면 그처럼 무서운 존재는 없을 것이다. 인터넷에서 침팬지가 사람 흉내를 내며 기관총을 쏘는 동영상을 본 적이 있다. 총을 든 침팬지 앞에서 사람들은 기겁하여 몸을 숨겼고, 침팬지는 신이 난 듯 총알이 다 떨어질 때까지 쏘아댔다. 방향을 모르는 힘은 이와 같다.

인류는 인공지능 로봇까지 만들어내며, 유발 하라리 교수의 표현대로 '호모 데우스(神)'가 되었다. 그러나 그 힘을 어디에 써야 할지, 어디로 가야 할지 몰라 더욱 위험한 존재가 되었다. 이처럼 위험한 존재가 어디 있을까. 인문학과 테크놀로지가 결합하여 아무리 감동적인 작품이 나오더라도, 그 달려갈 방향을 모른다면 최악의 것이 될 수도 있다.

속도보다는 방향이 중요하고, 시계보다 나침반이 중요하다. 방향이 잘못되어 있으면 **빠르면 빠를수록**, 열심히 하면 할수록 위험할 따름이다. 방향과 목적을 모른 채 빨리 깊이 파기만 하면 판 곳에 묻히게 된다. 방향이 옳아야 속도가 무의미하지 않다. 그리하여 시간 관리보다 더 중요한 것은 '방향 관리'다.

세상이 죄악에 빠진 것은 인간의 방향이 잘못되어 나타난 결과다. 성경은 '방향이 틀어진 것'을 가리켜 '죄'라고 말한다. 성경에는 '죄'를 의미하는 단어가 몇 가지 있는데, 그중에서 중요한 것이 구약의 '하타'와 신약의 '하마르티아'다.

구약에 나오는 히브리어 '하타'는 '길을 벗어나다'라는 의미이고, 신약에 나오는 헬라어 '하마르티아'는 '(활 등이) 과녁을 빗나가다'라는 의미다. 둘 다 하나님을 바라보지 않고 다른 길로 가는 것을 의미한다. 하나님을 바라봐야 할 시선이 빗나가 다른 것을 보고 있다면, 그것이 죄다.

더군다나 '방향이 왜곡된 이성'은 하나님을 아는 지식과 마찰을 일으킨다. 하나님이 주신 그 좋은 이성으로 하나님을 대적하는 데 사용하고 있는 것이 현대의 비극이다.

하나님은 하나님이 금하신 선악과를 먹은 아담에게 "네가 어디에 있느냐?"라고 물으셨다. 이 질문은 방향이 잘못된 것을 깨우치시기 위한 안타까운 질문이었다.

> 여호와 하나님이 아담을 부르시며 그에게 이르시되 네가 어디 있느냐
> 창 3:9

인공지능이 어디로 어디까지 달려갈지 예측하기가 어렵다. 전문가들, 개발자들도 놀랄 만큼 그 발전 속도가 경이로울 정도여서 생각할 틈도 없이 벌써 저만치 가고 있다. 이 땅을 사는 그리스도인의 중요한 사명 중 하나가 바로 현대 테크놀로지의 방향을 선한 방향으로 인도하는 것이다.

구로사와 아키라 〈카게무샤〉

가짜는 어디까지
진짜가 될 수 있는가

"내가 나비 꿈을 꾼 것인가? 나비가 내 꿈을 꾼 것인가?"

《장자》(莊子)의 내용 중에서 가장 널리 알려진 이야기가 호접몽(胡蝶夢)이다. 장자가 어느 날 자신이 나비가 되는 꿈을 꾸었는데 막상 꿈에서 깨고 보니 자신이 나비 꿈을 꾼 것인지 나비가 자신의 꿈을 꾼 것인지 모르겠더라는 철학적 이야기다.

카게무샤(影武者)는 '그림자 무사'라는 의미다. 과거 일본에서 권력자가 시해, 암살 등을 방지하고, 적을 기만하거나 아군을 장악하기 위해 자신과 닮은 자를 대역으로 세웠는데 그 위장 대역을 말한다.

구로사와 아키라 감독의 영화 〈카게무샤〉에는 죽은 영주의 대역을 하던 좀도둑 출신 카게무샤의 이야기가 나온다.

일본 전국시대 말기인 16세기 중엽, 도쿠가와 이에야스와 오다 노부나가, 그리고 다케다 신겐은 패권을 차지하기 위해 치열한 경쟁을 한다. 그러던 중 다케다 신겐이 도쿠가와 이에야스의 성을 공략하다 저격을 받아 죽게 되자, 죽기 전 "3년 동안 나의 죽음을 비밀로 하라"라고 유언한다.

그의 죽음은 이 집안의 몰락을 의미하기에, 그의 가신들은 다케다 신겐을 대신할 '카게무샤'를 세우기로 한다. 그리하여 좀도둑 출신의 한 인물이 '카게'의 역할을 하게 된다. 카게는 처음에는 어색했지만 시간이 흐르자 자신감이 붙고, 가신들의 도움으로 전쟁에서도 대등하게 싸우며, 사람들도 따르게 된다.

그러나 들통이 나고 만다. 다케다 신겐만이 탈 수 있다는 야생마인 '흑마' 위에 올라타려다 떨어져 다친 것이다. 또한 다케다가 전투에서 입은 칼자국이 그에게는 없었다. 결국 카게는 쫓겨나서 다시 좀도둑 신세로 돌아간다.

그후 다케다의 어리석은 아들 카쓰요리는 나가시노 벌판으로 출병하는데, 이 전투에서 도쿠가와 이에야스와 오다 노부나가 연합군의 신병기인 조총 앞에서 맥없이 무너져 버린다.

그런데 이게 웬일인가. 다케다 신겐의 카게무샤였던 그 좀도둑도 이 마지막 전투에 뛰어들어, 마치 자신이 다케다인 것처럼 창을 들고 돌진하다가 죽음을 맞는다. 이 영화는 가짜는 어디까지 진짜가 될 수 있는가 하는 질문을 던진다.

추창민 감독의 영화 〈광해, 왕이 된 남자〉에도 조선 15대 왕 광해군의 닮은꼴인 하선이 등장하여 광해군의 역할을 대신한다. 마크 트웨인의 소설 《왕자와 거지》(The Prince and the Paupen)도 그러하다.

실체가 있어야 그림자가 있다. 그림자는 스스로 존재할 수 없고 저절로 생겨날 수도 없다. 실체가 있을 때, 즉 영주가 살아 있을 때 카게무샤는 그의 그림자다. 그림자는 그림자 이상이어서는 안 되고, 그 이상을 꿈꾸어서도 안 된다.

그런데 영주가 죽었다. 영화 속의 카게무샤는 영주가 죽은 다음에 비로소 그림자 역할을 본격적으로 하는 것으로 나온다. 그림자가 실체가 된 것이다.

영주가 살아 있을 때 카게무샤는 그림자 이상을 꿈꾸어서도 안 되었지만, 영주가 죽었을 때는 그림자이기만 해서는 안 되고, 실체가 되어야 했다. 이것은 역설이다. 영화 속 카게무샤는 실제로 그렇게 한다. 그는 영주인 신겐의 이름으로 전쟁을 치르고, 후계자인 손자와 잘 어울리면서 신겐이 되어간다.

흥미로운 것은 가짜 역할에 집중한 나머지 본래의 제 모습을 잃어버리게 되는 카게무샤의 정체성이다. 그는 출정하지 않아도 되는 전투에 참여하여 장렬하게 전사한다. 자신이 영주가 되어 죽은 것이다. 그의 정체성은 좀도둑인가, 영주인가.

또다른 현실이 된 가상공간

카게무샤 이야기는 지금의 현실과 연결된다. 우리는 지금 물리적 공간과 디지털 공간의 경계가 무너지고, 인간과 사물이 상호 연결되는 시대를 살고 있다. 그래서 디지털 공간 속에서 나의 분신을 만들어 생활하고 있다. 그 대표적인 것이 '아바타'(avatar)다. 제임스 카메론 감독의 영화 〈아바타〉에는 개개인의 또 다른 자아인 '아바타'가 등장한다.

'아바타'는 산스크리트어 '아바타라'(avatara)에서 유래한 말이다. '내려오다'라는 뜻의 동사 '아바트르'의 명사형으로, '신이 지상에 강림함' 혹은 '지상에 강림한 신의 화신'을 뜻한다.

이렇듯 고대 인도에서는 땅에 내려온 신의 화신을 지칭하는 말이었으나, 인터넷 시대가 열리면서는 사이버공간에서 사용자의 역할을 대신하는 애니메이션 캐릭터를 가리키게 되었다. 즉, 분신, 화신을 뜻하는 말로 3차원이나 가상 현실 게임 또는 웹 채팅 등에서 자기 자신을 나타내는 그래픽 아이콘이다.

아바타는 그래픽 가상 사회에서 자신을 대표하는 가상 육체로, 이제는 채팅이나 온라인 게임뿐 아니라 사이버 쇼핑몰, 가상 교육, 가상 오피스 등으로 확대되었다.

그렇게 우리는 지금 아바타로 변해 디지털 가상 세계 속으로 들어가, 현실 세계의 경제적 사회적 활동과 유사한 활동을 하고 있다. 제페토, 이프랜드, 세컨블록, 게더타운, 디센트럴랜드, 동물의 숲, 로블록스 등이 대표적이다.

특히 MZ세대인 청소년들은 온라인과 오프라인을 넘나들며 이 둘 사이에 명확한 경계를 세우지도 않고, 서서히 자신의 아바타와 심리적인 일체화를 이루고 있다. 아바타를 위해 옷도 사고 액세서리도 산다. 자기를 대신한 아바타가 마치 현실처럼 아이돌 공연도 보고 쇼핑도 하고 게임도 한다.

아바타를 통해 가상 교실에 출석하여 강의를 듣기도 하고, 회사 업무를 보기도 한다. 내 아바타를 만들어놓고 실제 나는 잠을 자면서 내 아바타가 대신 돈을 벌게 할 수도 있다. 심지어는 가상 교회에서 각자의 아바타로 변신한 성도들이 역시 아바타로 변신한 목사님의 인도로 예배를 드리기도 한다.

가상공간의 아바타와 현실의 나를 명확하게 구분하지 않기 때문에, 가상공간에서 성폭력을 당했을 경우 현실 세계에서 그러한 일을 당한 것과 동일한 수치심과 공포감을 느낄 수도 있다. 아바타와 현실 세계의 사람들이 실시간으로 상호작용한다면 이것은 단순한 가상 세계가 아니라 또 다른 현실 공간이 된다. 그런 가운데 작은 혼동이 시작된다.

"아날로그로서의 진짜 나와 아바타 중에서, 나는 누구인가?"

카게무샤의 질문이다.

"좀도둑 나와 영주 중에 나는 누구인가?"

호접몽(胡蝶夢) 이야기에서 장자의 질문도 그러하다.

"내가 나비인가, 나비가 나인가?"

하나님의 모양대로 지음 받은 나

성공보다 더 중요한 것은 '내가 누구인지'에 대한 인식이다. 아르키메데스는 지구 밖의 결정적인 한 지점과 긴 지렛대만 있으면 지구를 움직일 수 있다고 말했다. '나는 누구인가?'에 대한 답변이 있으면 그것이 지렛대가 되어 지구와 삶을 움직일 수 있다. 세상 돌아가는 온갖 것을 다 알면서도 정작 나를 모른다면 그 모든 앎은 진정한 앎이 아니다.

악마 같은 히틀러와 나치에 저항하다 순교한 디트리히 본회퍼 목사님을 기억한다. 그가 감옥 속에서 지인들에게 보낸 편지를 모은 《옥중서간》을 읽을 때는 늘 떨림이 있다. 그중에서도 잊을 수 없는 것이 〈나는 누구인가?〉(Wer bin ich?)라는 시다. 이 시를 부족한 종의 사역(私譯)으로 소개해본다.

나는 누구인가? 그들은 종종 내게 말한다.
내가 감옥에서 나올 때면
마치 거대한 성에서 나오는 성주처럼
의연하고 유쾌하며 당당했다고.
(중략)

나는 누구인가? 사람들은 내게 이렇게도 말했다.
나는 불행한 날들을 보낼 때도
마치 승리에 익숙한 사람처럼

침착하고 웃음을 잃지 않으며 당당했다고.
정말 나는 그들이 말하는 바로 그 사람인가?
(중략)

나는 누구인가?
그들은 이런 고독한 질문들로 나를 조롱한다.
내가 누구이든 당신은 나를 아시니,
오 하나님, 나는 당신의 것입니다.

이 시에서 본회퍼 목사님은 혼돈스러운 현실보다도, 악마 같은 나치를 왜 허용하셨느냐는 질문보다도 '나는 누구인가'를 묻고 있다. 그가 가장 묻고 싶었던 것이 이것 아닐까.
"나는 누구인가?"라는 질문에 그는 대답할 수 없었다. 다만 내가 누구인지 알고 있는 분은 오직 하나님이시라고 고백할 뿐이다. 우리 또한 그러하다.
구약성경 창세기에 참 흥미로운 구절이 나온다.

> 하나님이 이르시되 땅은 풀과 씨 맺는 채소와 <u>각기 종류대로</u> 씨 가진 열매 맺는 나무를 내라 하시니 그대로 되어 땅이 풀과 <u>각기 종류대로</u> 씨 맺는 채소와 <u>각기 종류대로</u> 씨 가진 열매 맺는 나무를 내니 하나님이 보시기에 좋았더라 창 1:11,12

> 하나님이 이르시되 땅은 생물을 그 종류대로 내되 가축과 기는 것과 땅의 짐승을 종류대로 내라 하시니 그대로 되니라 하나님이 땅의 짐승을 그 종류대로, 가축을 그 종류대로, 땅에 기는 모든 것을 그 종류대로 만드시니 하나님이 보시기에 좋았더라 창 1:24,25

하나님의 천지창조 장면에서 계속 등장하는 말이 "각기 종류대로", "그 종류대로"라는 말이다. 하나님은 모든 생물을 "그 종류대로" 만드셨다. 이 구절의 의미가 여러 가지지만 그중 하나는 '사자는 사자같이, 독수리는 독수리같이, 수박은 수박같이 만드셨다'라는 것이다. 그들은 그들같이 만드셨다.

그런데 유독 사람만큼은 "그 종류대로", 즉 '사람같이' 만들지 않으셨다. 사람만큼은 '하나님같이' 만드셨다.

> 하나님이 이르시되 우리의 형상을 따라 우리의 모양대로 우리가 사람을 만들고… 창 1:26

사람은 '사람같이'가 아니라 '하나님같이' 만들어졌다. 따라서 자신을 알기 위해서는 하나님을 깊이 알아야 한다. 하나님에 대한 앎이 나에 대한 앎이 된다.

아날로그와 디지털이 혼합된 세상, 아날로그 세계에서의 나와 디지털 세계에서의 나. 혼돈스러운 이 세상에서 하나님을 더욱 깊이 알아갈수록 '내가 누구인가?'에 대한 답을 찾아갈 것이다.

> 조병영 《읽는 인간 리터러시를 경험하라》

그대
읽을 줄 아는가?

- '금일'(今日, 오늘)을 '금요일'로 잘못 알아서 과제를 제출하지 못한 학생이 억울함을 호소했다.
- 교사가 한 학생에게 "좀 고지식한 면이 있는 것 같다"라고 하자 그 학생은 그 말을 '높은(高) 지식'이 있다는 칭찬으로 받아들였다.
- 학교 안내문에서 '중식 제공'이라는 말을 본 어느 젊은 학부모는 "우리 아이는 한식을 좋아하는데…"라며 아쉬워했다.
- 수업 시간에 선생님이 '선무당이 사람 잡는다'라는 속담을 가르치며 "'선무당'이 무슨 뜻인지 아는 사람 있나요?" 물었더니 몇몇 아이들이 "서 있는 무당이요!"라고 대답했다.
- "신입사원은 제가 전담합니다"라는 말에 누군가 대답했다. "전담이요? 전 담배 안 피워요"라고.

모두 문해력이 없는 사람들의 웃지 못할 일들이다.

4차 산업혁명 시대를 사는 우리에게 꼭 필요한 능력 중 하나가 바로 '문해력'(文解力)이다. 수많은 정보와 데이터가 넘쳐나는 이 시대에서는 정보와 데이터를 잘 읽고 해석하여 활용할 줄 아는 사람이 말에 올라탄 사람과도 같다. 정보와 데이터는 글자와 기호로 되어 있으므로 글자와 기호를 이해하는 '문해력'이 중요하다.

문해력은 글을 읽고 쓸 줄 아는 능력, 문맥과 문자를 이해하는 능력, 문자를 해독하는 능력이다. 그리고 그것을 표현하고 소통하고 활용할 줄 아는 능력이다. 즉 글자(문자), 시각적 기호, 영상적 기호를 풀어 이해하고, 이해한 것을 활용하는 능력으로, 좁게는 문해력이라고 하고, 넓게는 리터러시(literacy, 읽고 쓰는 능력 및 특정 분야·문제에 관한 지식과 능력)라고 한다.

독해력은 단순히 글을 읽고 이해하는 능력이지만, 문해력은 더 확장된 개념이다. 글을 읽고 이해하는 능력을 넘어서 읽은 내용을 다른 것과 연계시키는 능력, 중요한 정보인지 아닌지 판단하는 능력, 정보들을 연결해 자신의 아이디어로 만드는 능력까지를 포괄한다. 즉 글을 읽고 이해하는 것을 넘어서 글을 통해 '생각하는 힘', '실제로 사용하고 실천하는 것'까지를 리터러시 문해력이라고 한다.

"문명적 삶의 '8할'은 읽고 쓰고 생각하고 대화하고 협력하고 판단하는 방식, 즉 리터러시가 결정합니다. 좋은 삶을 사는 사람들은 좋은 리터러시를 갖추고 있을 가능성이 높습니다."[8]

문해력이 좋으면 좋은 성적을 얻을 확률도 높다. 특히 온라인 수업 시에는 문해력이 더욱 중요하다. 컴퓨터 화면으로 글을 읽으면서 동시에 내용을 이해할 수 있는 문해력이 있는 아이들은 강자가 된다. 문해력이 부족한 아이들은 집중력도 떨어지는 경우가 많은데, 이들이 온라인 수업에 집중하는 것은 더욱 어렵다. 성인의 경우 문해력이 부족하면 약의 복용 안내 설명서, 제품 설명서를 이해하지 못한다.

어떤 전문가는 문해력을 사회적 인간으로 성장하는 데 도움을 주는 '공감 능력'이라고도 이야기한다. 그러니까 문해력은 학교 공부를 하는 학생뿐 아니라 대학생이나 직장에서 업무를 하는 성인에게도 꼭 필요한 능력이다.

친구와 또는 부부간에 대화하다가 화가 나기도 하고 답답할 때도 많다. 여러 가지 이유가 있겠지만 그중 한 가지는 문해력일 수 있다. 문해력이 낮아서 공감과 커뮤니케이션이 안 되기 때문이다. 따라서 행복 연구에서 중요한 요인 중의 하나가 문해력이다.

현대 사회가 요구하는 새로운 문해력들

우리는 성장하며 산다. 사회에서는 성인 시민으로 성장하는

데, 성장하는 과정에서 가장 중요한 지표 중 하나가 점점 복잡한 글을 읽는다는 것이다. 인생이 복잡하기에 나이가 들어갈수록 복잡한 현실을 많이 만난다. 내가 성장한다는 것은 점점 복잡한 글을 읽어 나가는 과정이다.

그런데 현대에는 글자를 이해하는 '문서 문해력' 뿐만 아니라, 금융 정보를 이해하고 활용하는 '금융 문해력', 의학 정보와 처방전을 이해하는 '건강 정보 문해력', 소셜미디어와 스마트폰, 애플리케이션 등의 사용법을 익히고 진짜 뉴스와 가짜 뉴스를 구별하는 '디지털 문해력' 등 우리 삶에서 필요한 문해력이 더욱 다양해지고 있다.

이 중에서 '디지털 문해력'은 현대의 4차 산업 사회에서 필수로 떠오르고 있다. 고도로 발달한 디지털 지식정보 기술 사회를 살아가지만 눈 앞에 펼쳐진 정보와 텍스트와 미디어를 맥락화하여 정확하게 분석적으로 읽지 못하면 가짜에 휘둘리게 된다.

현대는 인포데믹(infodemic)의 사회다. '인포데믹'은 '정보'라는 의미의 인포메이션(information)과 '전염병'을 뜻하는 '에피데믹'(epidemic)의 합성어로서, 잘못된 정보가 미디어, 인터넷 등을 통해 전염병처럼 급속하게 퍼져나가는 현상을 가리키는 시사 용어다. 즉 어떤 사안에 대해 잘못된 진단과 전망, 부정확한 정보들이 급속하게 퍼져 혼란을 초래하는 현상을 뜻한다. 분명 현대는 우리가 모르는 사이에 여러 가지 허위 정보, 거짓 정보들이 만연해 있다.

2016년 '올해의 단어'로 〈옥스퍼드 사전〉은 '탈진실'(Post-Truth)을, 독일언어학회는 '탈사실'(postfaktisch)을 선정하며 이것을 심각하게 지적했다. 작금의 세계는 '탈진실의 사회', '거짓의 시대'가 전개되고 있다는 것이다.

사실 그렇다. 세계 각국은 가짜 뉴스 및 허위, 조작된 정보 문제로 골머리를 앓고 있다. 이런 문제는 미국 대통령 선거와 유럽의 각종 선거를 비롯해 독일 총선, 프랑스 대선 등에서 두드러졌다.

당시 유포된 가짜 뉴스는 유권자들의 투표에 적지 않은 영향을 끼쳤다. 자극적이고 충격적인 내용을 담는 경우가 대부분인 가짜 뉴스는 소셜미디어의 정보 확산 기술을 바탕으로 빠르게 확산하면서 정상적인 여론 형성을 왜곡한다.

현대 사회는 정보의 가격이 거의 0이 되면서, 누구나 좋은 정보를 공유할 수 있게 되었다. 반면, 거짓 정보가 넘쳐나다 보니 정보를 얼마나 많이 소유했는가보다 진짜 정보를 접하고 분별하느냐가 현대 사회의 능력 중 하나로 떠올랐다. '디지털 문해력'은 그래서 소중하다.

리터러시 전문가 조병영 교수는 한 흥미로운 예를 든다. 그는 '멸종 위기에 처한 태평양 북서부 연안 지역의 나무 문어(tree octopus)를 구하자'라는 웹사이트를 소개한다. 나무 문어의 서식지가 벌목꾼들에 의해서 파괴되어 나무 문어가 멸종 위기에 처했다는 내용이다. 이 사이트는 사람들을 속이려고 일부러 만든 자료다.

그런데 한 연구에 의하면, 이 사이트를 읽은 중학생들의 대다수는 그 진위를 전혀 의심하지 않았다고 한다. 만약 이런 사이트들에 속아서, 있지도 않은 나무 문어를 위해 후원금을 낸다면 디지털 사기를 당하는 것이다.

이에 조병영 교수는 디지털 가짜 정보를 분별하는 방법을 제시한다.

첫째, 누가 이야기하는지를 알아야 한다. 보고 있는 웹사이트, 신문 기사, 영상을 만든 사람들, 또한 이들을 후원하는 사람들이 누구인지 알아보라. 예를 들어, 주소가 '닷넷'(.net)이나 '닷컴'(.com)으로 끝나는 것은 개인적, 상업적 사이트일 가능성이 크다. 이들은 '.edu(.ac.kr)', '.gov(.go.kr)', '.org'와 같이 정부 기관이나 대학 등의 공공 사이트에 비하면 뭔가 유무형의 이득을 취하려고 운영하는 사이트처럼 보여 신뢰하기가 어렵다.

둘째, 그 정보가 주장하는 근거가 무엇인지 알아야 한다. 인터넷 혹은 생활 속에서 얻어내는 정보 중에는 그 기원을 알 수 없는 것들이 많다. 원래의 정보는 온데간데없고, 자칭 전문가라고 주장하는 일종의 정보 기술자들이 재가공한 '3차 자료'가 많다. 어떤 정보가 원출처에서 멀어지면 멀어질수록 정보의 오염도가 증가하여 완전히 다른, 왜곡된 정보가 되기 쉽다.

자신이 얻은 정보의 출처를 제대로 아는 것이 정확한 정보를 얻는 첫걸음이다. 대학원이 학부와 크게 다른 점 가운데 하나는 원천 소스, 원천 자료를 읽는다는 것이다. 가공정보들의 원천을 찾아가는 과정 자체가 지식 탐구의 과정이고 앎의 과정이며 공부의 시작이다.

셋째, 정말 중요한 사항인데 같은 주제에 대해서 다른 사람들은 어떻게 말하는가를 꼭 확인해보아야 한다.

독서가 문해력을 키운다

그렇다면 문해력을 키울 수 있는 좋은 방법이 무엇인가? '독서'다. 이는 어떤 전문가든지 공통적으로 말하는 의견이다. 특히, 언어학의 대가 스티븐 크라센은 《읽기 혁명》(The Power of Reading)이라는 저서에서 자기주도적 자율독서(Free voluntary reading)가 문해력을 결정적으로 향상시킨다고 말했다.

수능 만점자 30명의 인터뷰를 담은 《1등은 당신처럼 공부하지 않았다》(김도윤, 쌤앤파커스)를 보면, 이 책에 등장하는 수능 만점자 30명 중 90퍼센트의 학생이 독서를 승리의 요인으로 꼽았다. 독서를 통해 다양한 지식을 습득하고 독해력과 사고력을 키웠다면서, 독서를 하면 글 읽는 속도가 빨라져서 교과서나 참고서의 내용을 빨리 읽고 이해할 수 있었다고 했다.

인공지능으로 대표되는 4차 산업혁명 시대에 인간에게 요구되는 능력, 고유한 역량이 '생각하는 힘'이다. 생각하는 힘은 어디서 오는가? 주로 독서를 통한 문해력에서 온다.

OECD 국가들 가운데 우리나라는 문해력 수준이 바닥권에 속한다. 그 이유는 유튜브와 같은 영상 매체에 익숙해져서, 그리고 독서를 소홀히 해서다. 스마트폰이 본격적으로 보급된 2010년 이후, 우리는 문자 정보 대신 동영상이나 게임, 단문 메시지 등 다양한 노이즈에 무방비로 노출되면서 생각하는 힘을 잃어갔고, 이는 난독으로 이어졌다.

스마트폰 게임과 유튜브 영상을 많이 봐도 문해력은 신장되지 않는다. 오히려 이런 자극적인 매체에 익숙해질수록 글 읽는 것을 싫어하게 된다. 평소 꾸준하게 책을 읽는 것이 문해력 성장의 지름길이다.

빌립은 주의 사자가 지시하신 대로 적막한 광야로 내려갔다가 그곳에서 이사야의 글 중 고난받는 종의 노래를 읽고 있는 사람을 만난다. 에티오피아의 국고를 맡은 권세 있는 내시다. 빌립은 그에게 묻는다.

"읽는 것을 깨닫느냐?"

내시는 대답한다.

"지도해주는 사람이 없으니 어찌 깨달을 수 있느냐?"

빌립이 달려가서 선지자 이사야의 글 읽는 것을 듣고 말하되 읽는 것을 깨닫느냐 대답하되 지도해주는 사람이 없으니 어찌 깨달을 수 있느냐 하고 빌립을 청하여 수레에 올라 같이 앉으라 하니라 행 8:30,31

빌립은 에티오피아 내시 옆에 앉아 그가 읽고 있던 그 글에서 시작하여 성경을 풀어주며 예수 그리스도의 복음을 전한다. 빌립의 선교는 그렇게 이루어졌다.

목회자와 신앙의 리더들은 빌립처럼 성도들이 성경을 읽는 것을 깨닫게 지도하도록 부름 받았다. 그런데 목회자와 리더들의 일반적인 문해력이 떨어지면, 성경에 대한 문해력도 떨어질 수 있다는 합리적인 추론을 할 수 있다.

우리가 이 시대 속에서 끊임없이 독서하며 묵상해야 하는 중요한 이유다.

"읽는 것을 깨닫느냐?"

내가 이를 때까지 읽는 것과 권하는 것과 가르치는 것에 전념하라 딤전 4:13

네이트 실버 《신호와 소음》

소음 속에서
신호를 찾아라

"우주(다른 사람들이 '도서관'이라고 부르는)는 한없이, 어쩌면 무한히 많은 육각형의 전시실로 이루어졌으며, 중앙에는 매우 낮은 난간으로 둘러싸인 거대한 환기 통로가 있다."

El universo (que otros llaman la Biblioteca) se compone de un numero indefinido, y tal vez infinito, de galerias hexagonales, con vastos pozos de ventilacion en el medio, cercados por barandas bajisimas.

라틴문학의 대표 작가이자 '작가들의 작가'라고 불리는 호르헤 루이스 보르헤스의 단편 소설 〈바벨의 도서관〉(La Biblioteca de Babel)의 첫 문장이다. 그는 우주를 한없이, 어쩌면 무한히 많은 육각형의 전시실로 이루어진 도서관이라고 했다. 바벨의 도서관은 세상의 모든 정보, 세상 모든 책을 채집해 놓은 가상의 공간이다.

이 무한한 도서관에는 모든 지식과 모든 오류가 어지러이 나열돼 있다. 심지어는 원숭이가 10분 동안 아무렇게나 키보드를 두드려 만든 책도 이 도서관 어딘가에 있을 것이다. 그래서 애당초 정보를 선별하는 일이란 불가능하다.

이 소설에 나오는 도서관은 지금 우리의 인터넷 공간과 너무나도 닮았다. 보르헤스는 바벨의 도서관이라는 미래적 은유로써 세상의 복잡성과 혼돈, 그리고 정보 과잉사회의 모순을 간파해낸 거장이다.

신호와 소음 분별이 필요한 빅데이터

이런 정보 과잉의 시대 속에서 올바른 신호를 찾아내야 한다. 네이트 실버의 《신호와 소음》(The Signal and the Noise)은 바로 이 주제를 다루고 있다.

통계학자인 네이트 실버는 통계학과 미래 예측의 슈퍼스타라고 불린다. 그는 2009년 〈타임스〉 선정 '전 세계에서 가장 영향력 있는 100인' 중 한 사람이 되었고, 2013년, 미국의 비즈니스 전문 매체 〈패스트 컴퍼니〉(Fast Company)가 선정한 '가장 창조적인 인물' 1위에 올랐다.

그는 통계학적 지식과 자신만의 예측 노하우로 메이저리그 야

구선수들의 향후 성적을 놀라운 적중률로 예측했으며, 2008년 미국 대선에 50개 주 중 49개의 주에서 오바마가 승리할 것을, 특히 상원의원의 35개 의석 전부를 맞혔다. 2012년 미국 대선에서는 50개 주 모두의 선거 결과를 정확히 예측해 유명인사가 되었다.

4차 산업혁명의 특징은 기존의 서로 다른 영역의 학문과 기술과 산업이 만나 서로 융합해 기존의 산업 사회를 넘어 새로운 패러다임과 가치를 만들어낸다는 점이다. 이러한 변화의 핵심에 '빅데이터'(Big Data)가 있다.

빅데이터라는 용어를 만들어 낸 곳은 2000년대 정보 폭발을 가장 먼저 경험한 천문학과 게놈 연구 분야였다. 정보의 양이 너무 커진 나머지, 검토할 데이터의 양이 컴퓨터의 메모리를 압도하게 되어 기술자들이 새로운 데이터 처리 기술을 개발하면서 빅데이터 개념이 생겨났다.

빅데이터는 기존 데이터보다 너무 방대해 기존의 방법이나 도구로 수집, 저장, 분석 등이 어려운 정형 및 비정형 데이터를 통틀어 가리키는 말이다. 엄청난 양의 데이터를 모은 빅데이터 안에서 패턴이나 상관성을 찾아내어 새로운 판단이나 확률을 추론할 수 있다. 인공지능은 이러한 대용량의 데이터를 연계하고 분석하기 위해 도입된 기술이다.

나날이 증폭되어가는 불확실성 속에서 이론상으로 데이터가 더 많으면 예측은 더 나아져야 한다. 하지만 사람들은 데이터의 방대한 양 때문에 오히려 잘못된 예측을 할 수 있다. 이른바 '체리 피킹'(cherry picking)이라고 일컬어지는, 입맛에 맞는 데이터만을 뽑아내는 오류, 혹은 데이터들에 대한 잘못된 결합과 연결 등으로 말미암아 잘못된 예측을 할 가능성이 있는 것이다. 특히 데이터 자체의 편향성 때문에 남성과 여성의 차별, 인종 차별 등의 문제가 발생하기도 한다.

결국 데이터가 많아져서 예측에 도움이 될 수도 있지만, 그 반대의 위험도 커진다. 여기서 중요한 것은 빅데이터 속에서 '신호'와 '소음'을 분별하는 것이다.

네이트 실버는 신호와 소음에 대해 이렇게 말한다.

"신호는 진리다. 소음은 우리가 진리에 다가서지 못하게끔 우리의 정신을 산만하게 한다."[9]

'신호'란 통계적이거나 예측적인 문제 뒤에 놓인 진리를 가리키는 암시를 의미한다. 반면, '소음'이란 신호라고 착각하게 만드는 무작위적 패턴을 의미한다. 소음은 가짜 신호다. 의미를 찾을 수 없는 무작위적 패턴이다. '신호'와 '소음' 모두 기본적으로 정보(Information)다.

구슬을 꿰어야 보배가 된다. 그런데 일반적으로 빅데이터에는 신호보다 소음이 더 많이 존재하여, 구슬 대신 도토리를 꿰었다가 한참 후에야 '아, 이게 소음이고, 저것이 신호였는데' 하는 경우가 자주 생긴다.

특히 '소음'은 '신호'보다 더 자극적이므로 '소음'에 가린 '신호'를 찾아내는 것은 상당히 어려운 일이다. 정확히 예측하고 정확한 정보를 얻기 위해서는 빅데이터 속에서 '소음'이 아닌 '신호'를 찾아야 한다.

이 책의 부제인 '불확실성 시대, 미래를 포착하는 예측의 비밀'은 바로 빅데이터 속에서 '소음'에 가려진 '신호'를 찾는 것에 있다고 할 수 있다.

경청보다 중요한 분별의 영성

에덴동산에서 아담과 하와는 하나님의 말씀, 즉 하나님의 신호보다도 사단의 말, 즉 소음을 경청(傾聽)하여 죄가 시작되었다. 흔히들 '경청'이 중요하다고 하는데, 경청이 핵심이 아니다. '무엇'을 경청하느냐가 더 중요하다.

소음을 경청하면 안 된다. 마귀의 소리를 경청하면 안 된다. 지금 세상에는 우리를 혼란스럽게 하고 멸망으로 이끄는 수많은 소음이 넘친다.

현대는 부족보다 과잉에서 비롯되는 폐해가 큰 시대다. 이 과잉 속에는 수많은 가짜, 짝퉁, 사이비가 즐비하다. 현대의 실력은 얼마나 많은 정보를 알고 있느냐가 아니다. 이 속에서 진짜를 분별하고 진짜에 집중하는 것이 최고의 실력이다.

따라서 4차 산업혁명 시대에 성도들이 갖추어야 할 중요한 영성은 바로 '분별력'이다. "네가 먹는 음식이 바로 너다"라는 말이 있다. 사람은 입으로만 먹는 게 아니라 귀로도 먹고 눈으로도 먹고 마음으로도 먹는다. 좋은 것을 먹어야 한다. 좋은 것을 분별할 줄 아는 것이 참 지혜다.

사도행전 8장에 나오는 마술사 시몬은 사마리아 성에서 가짜 마술을 통해서 사람들을 유혹했다. 그러던 어느 날 빌립 집사가 오고, 이어서 베드로와 요한이 사마리아를 방문하면서 진짜 성령의 능력이 임했다. 선수는 선수를 알아보는 법. 그것을 지켜보던 마술사 시몬은 깜짝 놀랐다. 급기야는 돈으로 성령의 능력을 사려고 하다가 베드로에게 "네 은과 네가 함께 망할지어다"라는 책망을 듣는다.

시몬은 가짜였다. 그런데 사마리아 사람들은 그 가짜를 오랫동안 열광하며 따랐다.

> 오랫동안 그 마술에 놀랐으므로 그들이 따르더니 행 8:11

가짜를 따라간 사람들이 제일 불쌍하다. 지금도 그러하다. 마귀는 진짜보다 더 진짜 같은 가짜를 던져 우리의 인생을 낭비하게 한다.

사도행전에는 가짜에 열광하는 인생, 분별력 없는 열정이 얼마나 위험한지 보여주는 사례가 나온다. 유대인 40여 명이 사도 바울을 죽이기 전에는 먹지도 않고 마시지도 않겠다고 맹세하는 일이 있었다. 바울을 죽이려는 암살단이 결성된 것이다.

> 날이 새매 유대인들이 당을 지어 맹세하되 바울을 죽이기 전에는 먹지도 아니하고 마시지도 아니하겠다 하고 이같이 동맹한 자가 사십여 명이더라 행 23:12,13

더욱이 그들은 바울을 죽이기 위해, 바울을 호송하는 로마 군인들과의 무력 다툼에서 죽어도 좋다고 목숨까지 걸었다. 바울을 죽이기 위해 식음을 전폐하는 것도 모자라 자신들의 목숨까지 기꺼이 내어놓은 것이다.

악한 마귀와 마귀에게 이용당하는 사람들의 특징 중 하나가 '분별력 없는 악한 열정'이 있다는 점이다. 역사적으로도 인종주의, 식민주의, 종족 학살 등에 말도 안 되는 명분과 논리를 만들고 열정을 쏟을 때, 이런 '분별없는 열정'은 많은 사람을 죽여왔다. 분별력이 이토록 중요하다.

예수님의 분별력을 보라. 예수님은 어떤 말에는 주의를 기울이지 않으셨다. 그리고 어떤 말은 깊이 경청하셨다. 이 둘을 분별할 줄 아는 것이 지혜다.

> 예수께서는 그들의 말을 들은 척도 하지 않으시고… 막 5:36 현대어성경

그냥 넘어가야 할 말을 마음에 새기고, 깊이 경청해야 할 말을 무시해 버린다면 인생은 황무지가 될 것이다. 신호는 무시하고 소음에 집중하면 인생을 헛되이 낭비하게 된다. 4차 산업혁명 시기에 꼭 필요한 영성이 바로 '분별력'이다.

아담 맥케이 〈돈 룩 업〉(Don't Look Up)

하늘을
보지 말라니!

2021년 12월에 개봉한 애덤 맥케이 감독의 SF 영화 〈돈 룩 업〉의 예고편은 '실화…가 될지도 모를 이야기'라고 이 영화를 소개한다.

천체를 관측하던 천문학과 대학원생 케이트는 거대한 혜성을 발견하고, 천문학 교수 랜들 민디는 그 혜성이 지구와 충돌하는 궤도로 날아오고 있다는 것을 알게 된다.

이에 곧바로 나사 측에 알리자, 두 사람은 백악관으로 호출당하고 그곳에서 나사 직원 테디를 만나게 된다. 그러나 대통령 제이니 올린은 다음 재선 준비로 분주해서 혜성 충돌을 대비할 마음이 없었다. 이에 세 사람은 언론을 통해 긴급 상황을 세상에 알리기로 한다.

민디와 케이트는 '더 데일리 립'이라는 인기 프로그램에 게스트로 출연하지만, 지구를 멸망시킬 만한 혜성이 다가오고 있다는 소식에도 진행자들은 단지 떠도는 지구 종말론 중 하나로 여기며 흥미 위주로 인터뷰를 이어가고, 방송은 혜성보다는 유명 아이돌 가수의 스캔들이 더 화제였다. 이에 참다못한 케이트가 폭발하고, 결국 방송사고로 끝이 나버린다.

이런 상황에서 세 사람은 대통령의 긴급 호출을 받는다. 재선을 준비하던 대통령이 스캔들에 연루되며 지지율이 떨어지자, 혜성 충돌을 이용해 상황을 역전하기 위해 그들을 데려온 것이다. 이유야 어떻든 정부가 나선다는 소식에 세 사람은 안도한다.

혜성이 다가온다는 대국민 발표가 방송되고, 얼마 후 혜성의 궤도를 바꿀 우주선이 발사된다. 그런데 혜성에 천문학적인 가치의 희귀광물이 쌓여 있다는 정보를 들은 사업가 피터의 입김으로 우주선은 다시 돌아온다. 그는 자신의 회사에서 만든 탐사 드론을 통해 혜성을 여러 조각으로 폭파해 파편을 확보할 계획이었다. 이에 민디는 설득당하고, 케이트는 반대하다가 격리를 당하고, 테디는 떠난다.

마침내 혜성이 육안으로 보이기 시작한다. 그런데 대중들은 음모론에 휩싸여 "하늘을 처다보지 말라"라는 '돈 룩 업 그룹'과 "하늘을 처다보라"라는 '룩 업 그룹'으로 나뉘어 혜성 충돌을 하루 앞둔 시점까지 대립한다.

D-Day가 다가온다. 사람들의 이목이 집중된 가운데 탐사 드론을 실은 우주선이 발사되지만 임무에 실패하며 마지막 기회가

날아가 버렸다. 모든 것을 깨달은 민디는 가족, 친구들과 함께 최후의 만찬을 하고, 혜성은 결국 지구와 충돌하게 된다.

실제 혜성 충돌이 임박했음에도 정치적으로 이용하려는 정치인, 돈이 더 중요한 사업가, 그리고 음모론에 휩싸여 진실을 보지 못하는 대중의 모습이 영화에 나온다.

우리를 둘러싼 정치, 경제, 사회, 문화, 학계, 언론, 미디어, SNS, 테크기업 등 모두를 돌아보게 하는 영화다. 아마도 혜성 충돌이라는 현실이 다가와도, 아니 이에 버금가는 엄청난 인공적인 재앙이 다가와도 우리는 이런 모습일 수 있다.

'돈 룩 업'(Don't Look Up)이란 '위를 보지 마! 혜성이 오는 것을 보지 마!', 즉 진실을 보지 말라는 의미다. 그 반대인 '룩 업'(Look up)은 '하늘을 올려다 보라!' 거기에 진실이 있다는 의미다.

분명 하나님이 계시고, 죽음이 있고, 심판과 결산이 있으며, 천국과 지옥이 존재한다. 그러나 악한 마귀는 하늘을 보지 말고 오직 땅만 바라보는 넝마 인생을 살라고 유혹한다.

죽음과 소멸 앞에서 인간의 한계를 실감하던 사람들이 인공지능을 비롯한 과학기술의 혁명적 발전을 통해 새로운 꿈을 꾸기 시작했다. 노화 방지와 생명 연장에서 더 나아가 불멸의 꿈을 상상하기 시작한 것이다.

과학기술 혁명을 통해 인간은 점점 신처럼(godlike) 되어 가고 있다. 호모 사피엔스에서 호모 데우스로 변해가고 있다. 천국에서의 영원한 생명과 행복보다 지상에서의 지속적인 생명과 행복을 최대한으로 누리고자 하는 방향으로 변하고 있다. 그러면서 "돈룩업! 위를 보지 말고, 하늘을 보지 마! 결산의 날이 있다는 것도, 죽음도 보지 마!" 하며 유혹한다.

그러나 이 땅이 전부가 아니다. 반드시 그날은 온다. 하나님과 영원을 바라보며 사는 인생이 가장 꽃 같은 현실을 사는 인생이다.

너희는 스스로 조심하라 그렇지 않으면 방탕함과 술 취함과 생활의 염려로 마음이 둔하여지고 뜻밖에 그날이 덫과 같이 너희에게 임하리라 눅 21:34

> 마틴 리스 《여섯 개의 수》

주 하나님 지으신 모든 세계가
너무나 아름답구나!

천체 망원경으로 우주를 살피던 한 천문학자가 말했다.
"우주를 살펴보았는데 아무리 봐도 하나님은 없다!"
또 다른 천문학자는 이렇게 말했다.
"주 하나님 지으신 모든 세계가 너무나 아름답구나!"
무엇이 맞을까?

지구를 품고 있는 광활한 우주는 하나님의 영광을 드러내고 있다. 하나님은 하나님을 거부하는 현대의 물리학자, 천문학자들에게도 당신의 위대하심을 드러내는 객관적이고 과학적인 사실을 보여주셨다. 그러나 안타깝게도 그들은 하나님을 여전히 거부하며 다른 논리를 펴고 있다.

천체물리학자이자 영국 케임브리지대학교의 천문학 및 실험철학 석좌교수, 트리니티칼리지 학장, 영국 왕립천문대 대장이자 왕립협회 총재를 지낸 마틴 리스는 1993년 천문학 분야의 노벨상이라는 브루스 메달을 받은 권위자다.

그는 자신의 저서 《여섯 개의 수》(Just six numbers: The Deep Forces that Shape the Universe)에서, 우주의 가장 기본이 되는 여섯 개의 기본 물리 상수를 언급한다.

이 여섯 개의 수는 전자기력 대 중력의 비율(N), 강한 핵력(엡실론, ε), 우주 안에 있는 물질의 양(오메가, Ω), 우주 척력(람다, λ), 중력의 속박력(Q), 공간 차원의 숫자인 D를 가리킨다. 그는 이 상수들은 특정한 값을 갖고 있는데, 그 값들이 조금이라도 달랐다면 우주는 인류가 존재할 수 없는 다른 역사를 가졌을 것이라고 했다.

즉 이 여섯 가지의 기본 상수값이 너무나도 조화를 이루기에 생명체가 존재한다는 것이다. 이 값들이 지금 우주의 관측값과 0.00000000001이라도 다른 값을 가진다면 지금과 같은 우주의 모습, 인류 생명이 존재하는 지구를 포함하는 우주는 존재하지 못했을 것이라는 말이다.

우주의 미세 조정

현대 과학을 통해 밝혀진 우주는 인간이 살기에 너무나 완벽하고 조화롭다. 현재까지의 연구로 물리학자들은 이 우주에 생명체가 존재하기 위해서는 중력 상수를 비롯한 물리학의 여러 기본 물리 상수들의 값이 대단히 좁은, 놀라울 정도로 한정된 범위 내에 존재해야 한다는 것을 알게 되었다.

좀 더 구체적으로 들어가 보자. 이 우주 안에는 진공 안에서의 광속, 중력 상수, 플랑크 상수, 기본 전하, 전자의 불변 질량, 양성자의 불변 질량, 중성자의 불변 질량, 아보가드로 상수, 볼츠만 상수, 패러데이 상수 등 여러 가지 상수가 존재한다. 물리학자들이 이 우주 상수들을 하나하나 체크해 보았는데 상당히 복잡한 숫자로 이루어져 있다.

학자들은 이 수치가 아주 아주 조금만 틀어지더라도 현재와 같은 우주가 생길 수 없고, 현재와 같은 지구가 생길 수 없고, 현재와 같은 생명체가 생길 수 없다는 것을 알아냈다.

처음에는 단순하게 '우주 내에 이런 물리 상수들이 있구나' 하는 것을 실험과 측정을 통해서 알아낸 정도였는데, 이 값을 자세히 들여다보니 아주 약간만 바뀌더라도 생명체가 살 수 없다는 것을 알게 된 것이다.

지금 우리가 사는 우주는 완벽하게도, 한 치의 어긋남도 없이 이 상수들이 조화를 이루고 있다는 것이다. 이에 학자들은 경탄하며 우리의 우주가 '미세 조율'되어 있다는 말을 하기 시작했다. 우주가 마치 세밀하게 조절되어 인간이 살 수 있는 조건을 갖추도록 미리 준비된 것처럼 보인다는 것이다.

다시 말해, 우주는 조금의 어긋남도 없이 생명체가 태어나고 생존하기에 적합한 우주가 되었다. 이런 우주를, 마치 누군가가 그렇게 세밀하게 조정한 것처럼 보인다고 해서 '미세-조정된 우주'(fine-tuned universe)라고 부르며, 많은 과학자가 경탄하며 동의한다.

'미세 조정' 등으로 번역되는 '파인 튜닝'(Fine-tunning)이라는 말은 알다시피 조율하는 것을 의미한다. 기타라든가 바이올린 등 여러 현악기는 줄감개를 감거나 풀어서 음을 맞추는 조율을 한다. 마찬가지로, 이 자연 안에, 이 우주 안에 있는 이 모든 존재가 지금과 같은 방식으로 존재하기 위해서는 여러 가지의 물리 상수들이 아주 정밀하고도 미세하게 조율이 되어 있어야 한다는 것을 알게 된 것이다.

누가 이렇게 미세하게 조율했는지는 말할 수 없겠지만, 적어도 누군가 혹은 무언가에 의해서 미세하게 조율된 것 같다는 뉘앙스를 가진 표현이 바로 '미세 조율'이라는 표현이다.

바로 이러한 우주의 미세 조율이라는 현상이 1960년대 이후 물리학자들 사이에서 광범위하게 알려지게 되면서 과학자들은 상당히 큰 고민에 빠진다. 일반인들이라면 그냥 넘어갈 수도 있겠지만, 자연과학은 인과관계, 인과법칙이라는 것을 무엇보다 중요하게 여기는 학문이니, 미세 조율의 원인과 이유를 묻지 않을 수 없게 된 것이다.

인류 원리

이에 과학자들이 서서히 "우연이 아니다"라는 말을 하기 시작한다. 지구가 인간을 비롯한 복잡하고 다양한 생명체가 생존하기 위해 최적의 환경을 갖춘 것은 우연이 아니라는 것이다. 심지어는 무신론자인 스티븐 호킹마저도 우주는 마치 인간을 탄생시키기 위해 잘 준비된 것처럼 보인다고 했다.

"우리의 우주와 그곳의 법칙들은 우리를 지탱하기 위해서 맞춤형으로 설계된 것처럼 보인다. 우리가 존재하려면, 그 설계를 변경할 여지는 거의 없을 듯하다. 이것은 쉽게 설명되지 않는 행운이다."[10]

그리고 이러한 미세 조절은 마치 인류를 탄생시키기 위해서 우주가 준비된 것 같기 때문에, 이 특징을 가리켜 '인류 원리'(anthropic principle, 인간중심 원리)라고 부른다.

'인류 원리'는 스티븐 호킹의 연구 동료인 호주의 물리학자 브랜든 카터(Brandon Carter)가 1974년도에 처음 제안한 말이다. 처음 학회에서 소개된 이후로 당시 활동하던 전 세계의 모든 우주론 물리학자들과 그 외 여러 물리학자가 이 용어를 쓰기 시작했고 현재도 쓰고 있다.

학자에 따라서 약한 인류 원리, 강한 인류 원리 등 다양한 버전을 소개하고 있지만, 현재까지 인류 원리 자체는 누구도 과학적으로 반박할 수 없는 원리로 받아들여지고 있다.

당연하다. 하나님이 그렇게 창조하신 것이다. 이것은 우연이 아니다. 하나님이 세밀하고 치밀하고 완벽하게 만드신 것이다. 그리고 이 조화로운 우주 가운데 하나님의 형상대로 창조된 인간을 두신 것이다. 그렇지 않고는 0.0000000000000001퍼센트의 어긋남도 없는 우주 물리 상수들의 완벽한 조화를 설명할 길이 없다.

그런데 하나님을 인정하기 싫은 다수의 무신론 과학자들은 이 조화와 질서를 설명하기 위해 '다중우주론'(multiuniverse theory)을 내세운다.

다중우주론은 미국 스탠퍼드대학의 러시아 출신 물리학자 안드레이 린데가 처음 제기했는데, 다양한 버전이 있지만 공통적으로 말하는 것은, 우주는 무한대에 가까울 정도로 무수히 많으며 그 우주 중 하나가 우리가 살고 있는 우주라는 것이다. 무한히 많은 우주가 있기에, 지금 우리의 우주같이 정밀하고 세밀한 우주가 하나쯤 존재하는 것은 가능하지 않겠냐는 것이다.

만일 우주가 우리의 우주 하나만 존재한다면 이토록 정교하고 세밀한 우주의 신비를 설명하기 위해 우주의 창조주 혹은 설계자라는 개념을 피할 수 없다. 이에 하나님을 거부하는 물리학자들이 '우주가 무한히 많다'라고 상정함으로써 무한히 많은 우주 중에서 우연히 인류 원리를 만족시키는 우리의 우주가 생겨났다고 주장해서, 하나님의 창조 이야기를 피할 근거를 만들기 위해 낸

아이디어다. 실험, 관측을 통한 물리적 검증이 전혀 불가능한 다중우주론까지 내세우며, 하나님을 부인하는 무신론자들을 보면 안타깝기 그지없다.

인류 원리를 설명하려는 가설들

우리는 이 '미세 조정'에 어떻게 반응해야 할까? 다시 마틴 리스의 이야기로 돌아가자. 마틴 리스는 학회에서 현재까지의 우주론 연구에 따르면 미세 조정, 인류 원리를 충족시키기에 설득력 있는 설명은 다음과 같은 세 가지뿐이라고 말했다.

"우리에겐 세 가지 선택의 길이 있는 듯하다. 우연한 일로 간단히 치부해 버릴 수도 있고, 섭리에 따라 일어나는 일이라고 주장할 수도 있으며, 또는 더욱 넓은 다중우주 중에 우리 우주가 특별한 혜택을 받은 것이라고 추측할 수도 있다. 내가 선호하는 것은 셋째 선택지이다."[11]

과학자이자 사제인 김도현 신부는 마틴 리스의 주장을 다음과 같이 3가지[12]로 요약했다.

1. '우연히' 인류 원리를 충족시키는 우주가 탄생했음을 받아들이는 것.
2. '신, 창조자'가 생명체의 생존이 가능하도록 환경을 미세 조율하여 인

류 원리를 만족시켰다는 하나의 우주 개념을 받아들이는 것.
3. 엄청난 수의 다중우주 중에서 인류 원리를 만족하는 '하나의 우주가 우연히' 발생했음을 받아들이는 것

첫째, 우주는 하나밖에 없지만, 우연히 인류 원리가 충족된 우주가 우연히 생겨났고 거기서 우리가 살고 있다는 것이다. 이런 생각은 가장 편한(?) 생각이지만, 우연이라고 말하기에는 이 우주는 너무나 정교하기 그지없다.

둘째, 신, 혹은 창조자, 설계자가 미세하게 조율해서 인류 원리를 만족하는 하나의 우주가 만들어졌다는 것이다.

셋째, 다중우주론에 대한 주장으로, 거의 무한대에 가까운 수의 다중우주가 있고 그 가운데는 인류 원리를 만족하지 않는 우주들이 대부분이지만, 인류 원리를 충족하는, 그런 조건을 만족하는 하나의 우주가 우연히 발생했다는 것이다. 무한대에 가까운 수많은 우주가 있기에 지금 우리가 살고 있는 완벽한 우주가 하나쯤은 나오지 않겠냐는 것이다.

마틴 리스 자신은 다중우주를 지지하겠다고 했다. 자신이 무신론자라서 설계자 창조주라는 개념을 받아들이기 힘들기 때문이라고 말한다. 대부분의 무신론적 과학만능주의자들은 마틴 리스와 같이 거의 다중우주론을 지지하는 입장이다.

'미세 조정된 우주', '인류 원리'는 하나님을 믿지 않는 일반인,

더 나아가 하나님을 거부하는 무신론자들에게 하나님을 증거할 수 있는 강력한 과학적(!) 증거이다. 사명 있는 그리스도인이 이에 대한 다큐멘터리 동영상을 만들어 배포하면 '과학주의'에 젖어 있는 현대인들에게 최고의 전도 방법의 하나가 될 것이다.

"우리 만남은 우연이 아니야"라는 대중가요 가사가 있다. 우주는 우연이 아니다. 정교하고 세밀한 우주를 보고 지구를 보면, 그리고 경이로운 우리 인간을 보면, 하나님의 살아계심과 영광을 볼 수 있다.

> 창세로부터 그의 보이지 아니하는 것들 곧 그의 영원하신 능력과 신성이 그가 만드신 만물에 분명히 보여 알려졌나니 그러므로 그들이 핑계하지 못할지니라 롬 1:20

임태훈 《검색되지 않을 자유》

우리는 숫자화 될 수 없는 하나님의 걸작품이다

'검색되지 않으면 존재하지 않는다'라는 말이 있다. 포털사이트에서 검색되지 않는 사람은 검색자 입장에서는 존재하지 않는 사람으로 취급된다. 슬픈 현실이다.

우리는 스마트폰과 컴퓨터로 다양한 정보를 검색한다. 그리고 그 검색한 데이터는 영구히 저장된다. 검색은 지식의 세계를 탐험하고 탐구하는 좋은 도구이자, 동시에 우리의 정보가 고스란히 노출되는 양날의 칼과 같다.

우리의 흔적은 스마트폰과 신용카드에 담겨, 연, 월, 일, 시, 분, 초 단위로 세세하게 데이터베이스화되어 있다. 우리의 생활 패턴이 담긴 이러한 빅데이터들은 개인이나 기업 또한 국가가 새로운 정책을 수립하는 데 결정적으로 사용된다.

디지털 세상은 모든 것을 수량화할 수 있고, 이를 통해 예측이

가능하다고 한다. 빅데이터는 인간의 모든 행동을 '계산 가능한 것'으로 만든다. '계산 가능'은 '예측 가능'으로 변환되고 '예측 가능'은 '통제 가능'으로 변환된다. 이렇게 현대의 인간은 운영 시스템 안에서 예측 가능하며 통제될 수 있는 존재로 여겨지고 있다.

《검색되지 않을 자유》의 저자인 문학평론가 임태훈 박사는 이러한 빅데이터 속의 인간을 가리켜 '호모 익스펙트롤'(Homo Expetrol)이라고 부른다. 예측(expect)할 수 있고, 통제(control)할 수 있는 존재라는 뜻이다. 그리하여 전 세계가 호모 익스펙트롤의 인간농장으로 재부팅되고 있다고 지적한다.

그는 "당신의 모든 것을 알 수 있다"라고 말하는 빅데이터의 오만을 반박하며, 인간의 삶은 예측 불가능성, 불투명함, 불확실성이 본질이라고 말한다. 그러면서 정보 사회 속에서 '검색되지 않을 자유'를 말하고 있다.

데이터화의 오만

사람이 그렇게 쉽게 데이터화되어 숫자에 잡히는 존재인가? 깊은 시인 김수영은 그의 정신 꼭대기에 '명료성'보다 '모호성'이 있다고 했다.

> "모호성은 시작(詩作)을 위한 나의 정신 구조의 상부 중에서도 가장 첨단의 부분을 차지하고 있는 것이고, 이것이 없이는 무한대의

혼돈에의 접근을 위한 유일한 도구를 상실하는 것이 되기 때문이다."[13]

김수영에게 모호성은 시작(詩作)을 위한 정신 구조의 첨단에 놓이는 미지의 정신이었다. 김수영 시인은 시를 통해, 모든 것을 알게 되는 통달의 세계가 아니라 모호성의 겸손을 말한다. 시인, 아니 우리 모두가 지녀야 할, 하나님 앞에서의 겸손이다. 디지털이 자랑하는 명료함이 아니라 모호성! 그것은 인간의 신비함에 대한 경외의 찬사다.

우리는 쉽게 숫자로 평가되는 존재가 아니다. 그런데 세상은 너무나 쉽게 모든 것을 숫자화 및 시장화하려 한다.

"얼마면 돼? 얼마면 되냐고. 돈으로 사겠어."

유명 드라마의 남자 주인공이 여주인공에게 했던 대사다. 그는 여주인공의 마음을 돈으로 사겠다고 자신 있게 말한다. 산을 산으로 보지 않고, 물도 물로 보지 않고, 심지어는 사람과 생명도 돈으로 환산시키려는 시대다.

미국 하버드대학교에서 최연소로 교수에 임명되어 30년 넘게 정치철학을 강의한 마이클 샌델 교수는 이런 숫자화, 시장화에 대한 반성을 말한다. 특히 《정의란 무엇인가》에 이어 출간한 《돈으로 살 수 없는 것들》(What Money Can't Buy: The Moral Limits of Markets)에서 우리의 일상 곳곳에 침투한 시장주의의 문제점을 지적한다.

그는 돈과 시장이 지배해서는 안 되는 영역이 있는데도 값으로 매겨진 것들을 보여주며 한탄한다.

멸종 위기에 놓인 검은 코뿔소를 사냥할 권리 : 15만 달러
인도의 여성 대리모 서비스 : 6,250달러
신체의 일부를 임대하여 광고에 사용하기 : 777달러…

돈으로 생명이나 사랑 같은 순수를 사냥할 수 있다고 생각하는 이 오만함!

빅데이터의 수치로 해석할 수 없는 걸작품

세상에는 돈과 힘으로 살 수 없는 것들이 있다. 그렇기에 아름다운 것이 아름다울 수 있는 것이다. 그런데 악한 마귀는 현대문명을 통해 우리의 신비함, 존귀함을 파괴하려 한다.

창세기로 돌아가 보자. 악한 마귀는 아담과 하와에게 하나님께서 금하신 선악과를 따 먹으라고 유혹하며, 선악과를 먹는 날에는 눈이 밝아져서 선악을 알게 된다고 했다.

> 너희가 그것을 먹는 날에는 너희 눈이 밝아져 하나님과 같이 되어 선악을 알 줄 하나님이 아심이니라 창 3:5

'선과 악'이란 좋은 것에서부터 나쁜 것에 이르기까지 모든 것을 가리키는 통칭으로 볼 수 있다. 따라서 '선과 악'을 안다는 것은 곧 모든 것을 아는 '전지'(全知)를 의미한다. 모든 것을 아시는 분은 하나님밖에 없다. 그런데 마귀의 유혹은 곧 "인간이 하나님과 같이 모든 것을 알게 될 수 있다"라는 것이었다.

빅데이터 운영자가 이러한 오류에 빠지면 안 된다. 우리가 인터넷이나 스마트폰을 통해 쇼핑한 목록들, 우리가 눌렀던 '좋아요' 버튼들은 어느 정도 우리의 성향과 관심사를 반영한다. 그러나 그것이 우리의 전부는 결코 아니다. 우리의 10퍼센트도 보여준 것이 아니다. 그런데도 누군가가 우리가 사용한 정보를 통해서 우리를 완전히 파악할 수 있다고 말한다면 착각 중의 착각이다.

빅데이터를 기반으로 하는 정보 사회는 우리에게 많은 유익을 준다. 그러나 우리는 쉽게 숫자로 전환되는 상품도 아니고, 거대한 정보 운영체제 속의 데이터도 아니다. 우리는 하나님의 걸작품 시(詩)다.

> 우리는 그가 만드신 바라 그리스도 예수 안에서 선한 일을 위하여 지으심을 받은 자니… 엡 2:10

"만드신 바"라고 번역된 헬라어 원문은 '포이에마'(poiema)다. 포이에마에서 영어의 포우엄(poem), 즉 '시'가 나왔다. 우리는 겸색되고 숫자화 되는 상품이 아니라 하나님께서 지으신 최고의 걸작품 시다.

로버트 프로스트는 시에 대해 이렇게 말했다.

"시란 번역의 과정에서 해석할 수 없는 그 무엇"
Poetry is what gets lost in translation

시란 번역의 과정에서 잡을 수 없는 그 무엇, 쉽게 해석할 수 없는 그 무엇이다. 우리는 하나님의 시다. 빅데이터에서 나온 수치로 해석할 수 없는 존귀한 존재다.

2

Humanitas To GOD

인공지능

인공지능 너는 누구냐?

이세돌 9단과 '알파고'(AlphaGo)의 바둑 한판!

'구글 딥 마인드 챌린지'(Google Deep Mind Challenge)라는 타이틀 아래 벌어진 이 대국은 과히 세기의 대결이라 해도 과언이 아니었다. 전 세계는 인류 대표와 인공지능(Artificial Intelligence: AI)의 바둑 대국에 집중했다. 구글 딥마인드사에서 개발한 바둑 프로그램 인공지능 알파고가 인간의 직관을 이길 수 있을 것인가, 아니면 역시 '인간'이 최고라고 확인하게 될 것인가?

결과는 4승 1패로 알파고의 승리였다. 이 대결은 인공지능의 시대가 눈앞에 다가왔다는 신호탄이었다. 알파고는 발전을 거듭해 당시 세계 랭킹 1위 커제를 비롯한 프로바둑 기사들에게 60전 60승을 거두었다. 이제 더 이상 인간은 인공지능과의 바둑 대결 상대가 되지 못한다.

사람들은 혼란스러워졌다. 앞으로 전개될, 더욱 발전된 인간의 기술력에 박수를 보낼 것인가, 인간의 패배를 안타까워할 것인가? 희비(喜悲)가 공존했다. 그리고 무엇보다도 충격이었다.

그런데 이상하다. 가령 자동차는 인간보다 훨씬 빨리 달리고, 기중기는 인간보다 훨씬 더 무거운 물건을 들어올린다. 이런 것들을 발명했을 때는 그리 충격을 받지 않았는데 왜 유독 알파고에는 충격을 받았을까?

그것은 인공지능 기계가 인간의 본질적인 특징이며 인간을 다른 모든 존재보다 우월하게 만드는 요소인 '이성적으로 생각할 수 있는 능력'을 넘어왔기 때문이다.

바둑의 '경우의 수'는 우주 원자의 수보다 많다는 유머가 있을 정도로, 바둑은 모든 게임 중에서 가장 높은 수준의 이성적 사고 능력이 필요하다. 그런데 바둑에서 알파고가 인간 최고수에게 완승했다는 것은 이제 인공지능이 인간의 고유한 영역이라고 믿어왔던 정신적인 영역에서도 인간을 뛰어넘는 능력을 가졌음을 의미하지 않는가.

지금까지 인간은 지능(이성)을 가진 존재이기에 만물의 영장이라고 했는데, 그 정체성이 흔들거린 것이다. 이미 인공지능은 학습 능력, 추론 능력, 그리고 지각 능력에 있어서 인간을 넘어섰다. 앞으로 인간을 넘어서는 영역이 더 많아질 것이다. 이에 우리는 기대 반 우려 반으로 인공지능을 바라보고 있다.

전기가 없으면 하루도 살 수 없듯이 우리는 이미 인공지능 없이 살 수 없는 세상에 살고 있다. 21세기 들어 컴퓨팅, 빅데이터와 같은 정보기술의 급격한 발달로, 과거 수십 년간 가능성의 영역에만 머물렀던 인공지능이 우리 현실 안으로 깊숙이 들어왔다.

가전, 기계, 자동차, 보건, 의료, 국방, 금융, 복지, 교육, 보안, 전자정부, 매일 사용하는 스마트폰, 내비게이션이 알려주는 실시간 교통정보, 컴퓨터, 식당 입구마다 세워진 주문 키오스크, 테이블 오더, 서빙 로봇, 거리를 활보하는 전동 보드와 전기자전거 같은 개인형 모빌리티, 자율주행 자동차, 의료분야의 원격진료 디지털 헬스케어 등 곳곳에서 우리는 인공지능과 함께하고 있다.

더구나 인공지능은 언론, 문학, 영화, 광고, 음악, 그림 등 인류의 고유 영역으로 여겨졌던 문화 예술 분야에서도 창작물을 생산해내고 있으며, 미래를 상상하는 여러 SF 소설과 영화에 등장하고 있다.

수많은 교수, 연구자, 기업의 전문가들이 앞으로 우리 삶을 가장 크게 바꾸어 놓을 요소로 인공지능을 꼽는다. 오늘날 스마트폰이 우리의 일상에 가져온 변화의 폭보다 향후 20년 이내에 인공지능이 가져올 변화의 폭이 훨씬 더 클 것이다.

인류는 여러 번의 기술 혁명을 통과하면서 그때마다 유토피아와 디스토피아를 동시에 경험했다. 원자력 기술이 주는 혜택과 원자력의 그늘인 핵전쟁의 공포가 대표적인 예다.

현재 진행 중인 4차 산업혁명과 그 핵심 기술인 인공지능도 마찬가지다. 인공지능은 핵보다도 큰 파급력이 있을 것이다. 이렇듯 인공지능은 비가역적(되돌릴 수 없는) 대세이며, 어떻게 사용하느냐에 따라서 최상의 것이 될 수도, 최악의 것이 될 수도 있다.

인공지능이란

인공지능의 정의

인공지능은 AI(Artificial Intelligence)라는 약어를 그대로 번역한 용어로, 직역하면 '사람이 만든 지능'이다. 인간이 가지는 학습, 추리, 적응, 논증 등의 기능을 갖춘 컴퓨터 시스템으로, 인간처럼 학습하고 생각하는 지능을 가진 기계나 기술을 말한다. 그러나 인공지능의 정의에 대해서는 아직 학자들 간에 많은 이견이 있다. 그 이유는 인간의 '지능'에 대한 정의가 불확실하기 때문이다.

인공지능은 말 그대로 표현하면 '인공+지능'이다. 인간의 지능이 아니라 인간의 지능을 모방한 지능이라는 의미다. 그런데 아직 인간의 지능이 어떠한 요소로 이루어져 있는지, 어떻게 사고하는지, 인간의 의식과 자아, 무의식을 포함한 심리가 무엇인지 등이 밝혀지지 않은 상태이기에 인공지능 또한 수학 공식처럼 똑 부러지게 정의할 수 없는 것이다.

더군다나 인공지능은 하나의 기술이 아니라 컴퓨터나 기계를 지능적인 방식으로 기능케 하는 모든 기술의 포괄적 개념에 가깝다. 인공지능에는 철학, 사회학, 수학, 컴퓨터 공학 및 인문학까지 모든 학문이 담겨 있다.

이런 가운데 가장 일반적으로 통용되는 정의는 "인간이 가지는 학습, 추리, 적응, 논증 등의 기능을 갖춘 컴퓨터 시스템", "컴퓨터에 지능적 업무를 하도록 명령하는 기술", 즉 "인간의 지적 능력을 컴퓨터를 통해 구현하는 기술"이라고 할 수 있다. 그 외에도 "지능적인 기계를 만드는 과학과 공학 기술", "인간이 수행한다면 지능이 필요한 일을 하는 기계를 만드는 과학" 등 많은 정의가 있다.

간단히 말해 인공지능이란 인간의 여러 신체 부위를 대신하던 기계가 결국 인간의 뇌마저 대신하게 되었다는 의미다. 인공지능은 컴퓨터가 경험을 통해 학습하고, 새로운 입력 내용에 따라 기존 지식을 조정하며, 사람과 같은 방식으로 사고, 학습, 자기개발을 함으로써 인간의 지능처럼 과제를 수행할 수 있도록 지원한다. 지능을 가진 컴퓨터 시스템이며, 인간의 지능을 기계 등에 인공적으로 구현한 것이다.

인공지능의 역사

인공지능은 컴퓨터의 태생과 함께 시작된 오래된 기술이며, 1950년에 앨런 튜링이 튜링 테스트를 제안한 것이 그 아이디어의 상징적 시작점이다. 영국의 천재 수학자 앨런 튜링은 2차 세계대전 당시 독일군 암호를 해독해 영국을 구한 암호학자로, 영국 최고액권 지폐에 실린 컴퓨터과학의 아버지다.

1950년, 그는 기발한 상상 속에 〈Computing Machinery

and Intelligence〉(컴퓨터 기계와 지능)라는 논문을 발표했다. 이 논문에서 "기계도 인간처럼 생각할 수 있을까?"라는 문제를 제기하며, 기계가 생각한다고 말할 수 있는가 없는가를 테스트하는 '튜링 테스트'(Turing Test)를 고안했다.

튜링 테스트는 인간과 기계가 대화하여 테스트하는 방법으로, 기계가 인간을 흉내 내야 한다는 점에서 '이미테이션 게임'(Imitation Game), 혹은 다른 이름으로 불리기도 한다.

기계와 사람 앞에 각각 커튼을 쳐서 보이지 않도록 한 다음 심판관이 기계와 사람에게 동일한 질문을 던진다. 이들이 제시하는 답변을 듣고 기계가 대답한 것인지 사람이 대답한 것인지 심판관이 분간할 수 없을 경우, 기계가 인간처럼 생각하는 지능을 가졌다고 인정하는 테스트다.

이후 튜링이 이 논문에서 기술한 내용을 현실화한 튜링머신은 존 폰 노이만 교수에게 영향을 주어 현대 컴퓨터 구조의 표준이 되었고, 일반적으로 이것을 인공지능의 시작으로 본다.

이렇게 시작된 인공지능을 '인공지능'이라는 단어로서 세상에 알린 것은 1956년 미국의 다트머스대학에서 열린 '다트머스 컨퍼런스'(Dartmouth Conference)다. 이 컨퍼런스에서 처음으로 'Artificial intelligence', 즉 인공지능이라는 용어가 탄생한다.

1956년 미국 다트머스대학의 존 매카시 교수가 개최한 다트머스 하계 워크숍에 인공지능 분야의 개척자로 여겨지는 10명의 학자가 모였다. 당시는 최초의 컴퓨터가 나온 이후 10여 년이 지난 시기로, 이들은 수학적 계산에서 인간보다 뛰어난 능력을 갖춘 컴퓨터에 적절한 조치들, 적절한 프로그램이 더해진다면 인간의 지능과 유사한 기능을 발휘할 수 있을 것으로 생각했다. 이 회의에 참석한 학자들의 의지는 '인간처럼 생각하는 기계를 만들자'라는 것이었다.

다트머스 회의 이후 AI는 몇 번의 황금기와 침체기를 겪는다. 계산주의 시대, 연결주의 시대를 거쳐 최근의 '딥러닝의 시대'를 맞이하면서 결정적인 발전의 전환기를 맞았다.

인공지능의 분류

인공지능은 그 능력에 따라 보통 세 가지로 분류한다. 약한 인공지능(Weak AI), 강한 인공지능(Strong AI), 초인공지능(Artificial Super Intelligence, ASI)이 그것이다. 혹은 약인공지능, 강인공지능, 초인공지능으로 분류하기도 한다. 혹자는 좁은 인공지능, 범용 인공지능, 초인공지능으로 부르기도 한다.

약한 인공지능

특화된 영역의 문제를 해결하는 인공지능이다. 예를 들어 바둑에만 특화된 알파고나 의료 인공지능인 왓슨, 운전에만 특화된 자율주행 자동차 등은 전부 약인공지능에 속한다. 현재 개발된 인공지능은 대부분이 약한 인공지능에 해당한다. 많은 과학자나

공학자들이 얘기하는 인공지능은 지능이라는 본연의 의미에 충실한, 약한 인공지능이라 할 수 있다.

강한 인공지능

약한 인공지능에서 한 걸음 더 나아가 인간처럼 생각하고 감정과 의식을 가지며 창의성을 발휘하는, 인간 수준의 지능을 갖는 인공지능이다.

이는 어느 하나의 특화된 분야에서뿐 아니라 여러 가지 상황에서 여러 가지 문제를 해결할 수 있는 인공지능으로, 인간의 수준에서 다양한 일을 다재다능하게 처리할 수 있다.

예를 들어 바둑을 두는 알파고가 운전도 하고 전화로 식당 예약도 해주고 번역도 해주는 등 모든 일을 아우르는 모습을 상상해보면 된다. 강한 인공지능을 긍정적으로 보고 찬성하는 사람들은 강한 인공지능이 사람이 할 수 있는 거의 모든 일을 대체할 수 있을 것으로 생각하고 있다. 특히 인간이 하기 어려운 일, 위험한 일을 강한 인공지능이 맡아 하면서 인간은 더욱 인간다운 생활을 할 수 있으리라고 기대한다.

여기서 중요한 사실이 있다. 강한 인공지능은 독립성이 있고 '자의식' 자유 의지를 가진 기계라는 점이다. 인공지능이 자의식을 가질 수 있느냐 없느냐 하는 것은 많은 논란거리다.

초인공지능

마지막으로 '초인공지능'이란 모든 분야의 문제를 다룰 수 있음은 물론, 사람보다 훨씬 뛰어난 능력으로 이러한 문제들을 해결하는 인공지능을 일컫는다. 창조성과 사회적인 능력을 갖춘 시스템을 말한다.

초인공지능은 자의식을 가지고 있어, 인간이 프로그래밍하는 대로만 움직이는 것이 아니라 인간의 통제를 벗어나 가치판단을 하여 새로운 시도를 할 수 있는 존재로 보는 경우가 많다. 더군다나 모든 분야에서 인간보다 뛰어난 지능을 가지고 있으므로, 초인공지능이 등장하면 인류가 초인공지능에 예속될 수도 있다는 우려가 크다.

1990년대~2000년대에 나왔던 영화 〈매트릭스〉, 〈터미네이터〉 등에 등장하는 인공지능이 극단적인 초인공지능의 일종이라고 볼 수 있다.

강한 인공지능과 초인공지능을 보는 시각들

회의적인 입장

인공지능은 과연 어느 수준까지 발달할 것이며 우리 인간은 인공지능을 과연 어느 단계로까지 개발해야 할까? 이에 대해 여러 의견이 있다.

우선 강한 인공지능과 초인공지능의 개발은 현실적으로 어려 우리라는 시각이다. 연구자들은 지금도 인간의 뇌를 모방한 강한 인공지능을 만들기 위해 연구하고 있지만, 인간의 뇌 자체가 무엇인지 아직도 모르고 있는 상태에서 뇌를 모방한 강한 인공지능을 만들 가능성을 단정할 수는 없다는 것이다.

인공지능은 빅데이터를 기반으로 수량적인 연산에 기초해 작업을 수행한다. 하지만 인간의 정신세계는 그런 세계와는 질적으로 다르다. 인간의 자유의지, 감정과 상상력의 세계는 기계적 계산으로 예측될 수 없다.

따라서 이들은 인공지능은 인간의 행동을 학습해 특정 목적을 위해 활용하게 돕는 기계적 장치일 뿐인데 그런 인공지능이 자율적인 판단을 하는 정신을 갖는다는 것은 불가능하다고 주장하며, 그런데도 강한 인공지능, 나아가 초인공지능에 대한 가능성이 너무 과장되었다고 우려한다.

이러한 입장에서는 인공지능이 인류를 지배할 가능성도 지극히 낮으며 설령 그러한 가능성이 있다고 해도 인간 스스로 이를 방지하는 안전장치 및 인공지능을 감시하는 감시 시스템을 구축해 이러한 상황을 예방하리라 전망한다. 그러므로 강한 인공지능, 초인공지능에 대한 추측과 염려보다는 현재 인공지능 기술에 대한 반성과 대처 방안의 모색이 중요하다고 본다.

현재 인공지능 수준은 프로그램 입력 오류로 구글 포토가 흑인 여성의 사진을 고릴라로 분류한 일이라든가, 인공지능 채팅 프로그램들이 여성 혐오 발언을 하는 것 등 오작동이 나타나고 있는 것이 사실이다. 심지어는 가상 실험을 한 결과 AI 드론이 인간의 명령을 무시하고 인간 조종사를 공격한 사실과 같은 섬뜩한 보도도 나온다.

그러나 이와 같은 기술상의 미숙함은 충분히 개선될 가능성이 있다. 이런 문제점들을 개선할 수 있는 새로운 기술들이 개발될 수 있으므로 지나친 우려에 빠지지 않도록 해야 한다고 주장한다.

사실 그렇다. 강한 인공지능은 공상 소설이나 영화 드라마 등을 통하여 주로 제시되어 많은 청소년과 젊은이들을 근거 없는 환상이나 두려움에 빠뜨리는 경우가 많다.

인공지능을 장착한 로봇은 인간과 같은 감정을 지닌 존재가 아니다. 감정을 지닌 것처럼 보이도록 설계된 감정 연기 로봇이다. 인공지능은 진짜 사랑과 소망, 아픔, 고통, 불안, 희망 등을 경험하지 못했고 가지고 있지도 않다. 무엇보다도 인공지능이 사람의 모습과 지능을 모방한다고 해도 인간의 심령 속에 심어진 하나님의 호흡을 가지지 못했다.

강한 인공지능 반대론자들은 과연 강한 인공지능을 개발할 필요가 있는지 그 필요성에 대해 의문을 제기하기도 한다. 인공지능은 인간의 통제를 벗어나 존재하지 않아야 하며 약한 인공지능에 머물러 있어야 한다는 것이다.

의식과 감정을 가진 인공지능의 필요성에 대해서도 회의적인 시각이 많다. 과연 의식과 감정을 지닌 인공지능이 사회적으로 어떤 필요와 효용성이 있으며 이러한 기계를 개발하는 것에 전력을 쏟는 일이 바람직한가에 대한 의구심이 있는 것이다.

낙관론과 비관론

반면 강한 인공지능과 마음과 의식을 가진 초인공지능까지 개발될 것으로 전망하는 학자들도 있다. 대표적인 학자로 미국의 미래학자 레이 커즈와일(Ray Kurzweil)이 있다. 그는 2045년쯤에 인공지능의 발전이 가속화되어 인류의 지능을 합친 것을 뛰어넘는 기점인 '기술적 특이점'(Technological Singularity)을 맞이하게 될 것이라고 한다.

즉 특이점을 지나 인간의 두뇌보다 창의력과 지혜, 사회적 능력 등이 뛰어난 초지능이 등장할 것인데, 인공지능이 인간 지능에 의존하지 않고 스스로 발전해 가면 미래에 인간이 미래를 예측할 수 없는 시점에 이를 수도 있다는 것이다.

강한 인공지능의 출현 가능성을 지지하는 전문가들 사이에도 강한 인공지능에 대한 낙관적인 전망을 하는 사람이 있고, 닉 보스트롬같이 비관적인 전망을 하는 사람이 있다.

인공지능에 대해 우려하는 사람들의 이야기를 더 들어보자.

천재 물리학자 스티븐 호킹 역시 인공지능 기술이 인류 문명사에서 최악의 사건이 될 수 있고, 인공지능이 인간을 대체하는 날이 올지도 모른다고 경고했다. 이때 그가 말하는 인공지능이 바로 강한 인공지능이다.

강한 인공지능의 등장을 예견한 역사학자 유발 하라리는 이것은 엄청나게 새로운 기회이면서 또한 경악할 만한 새로운 위험이라고 하며, 거의 대부분의 직업을 인공지능이 대체할 수 있다고 봤다. 테슬라의 최고경영자 일론 머스크 또한 인공지능에 대한 선의의 의존도 인류 문명에 위협이 될 수 있다고 경고했다.

"인공지능은 인간의 마지막 발명품이 될 것"이라는 주장도 속속 나온다. 이러한 가운데 미국의 비영리 단체 '미래의 삶 연구소'는 2023년 3월, '지피티4'(GPT4) 이상의 인공지능 시스템을 개발하는 속도를 지금보다 늦춰야 한다는 내용의 공개서한을 발표했다.

이 연구소는 "인공지능 기술이 인류의 번영에 이롭게 쓰이려면, 정책, 경제, 사회, 기술적인 검토 시간이 더 필요하다"라면서, 심지어는 기업들이 자진해서 기술 개발 속도를 늦추지 않는다면 정부 개입이 불가피하다고까지 주장했다. 이 서한에 일론 머스크, 유발 하라리, 스티브 워즈니악(애플 공동창업자) 등 기업인들과 유명 정치인들도 이름을 올렸다.

'인공지능의 대부'로 불리는 제프리 힌튼(Geoffrey Hinton) 교수는 10년 이상 몸담았던 구글을 떠나며, 인공지능의 위험성을 경고했다. 그는 1972년부터 인공지능을 연구하며 현대 인공지능의 획기적인 발전을 이룬 '딥러닝' 개념을 처음 고안한 사람이지만, 지금은 평생을 바친 이 연구를 후회한다고 밝혔다.

힌튼 교수는 인공지능의 위험에 대해 인공지능 기술이 적용된

치명적인 킬러 로봇이 등장할 수 있고, 인공지능이 만든 가짜 사진과 동영상, 글들이 넘쳐나면서 사람들은 무엇이 진실인지를 알 수 없게 될 것이라고 말했다.

이렇듯 전문가들은 강한 인공지능, 내지는 초인공지능의 출현 가능성에 관해 아직 합(合)에 이르지 못하고 있다.

인공지능은 인간이 뇌를 이해하는 수준만큼 발전한다. 인류가 뇌의 기능을 완벽히 이해하는 수준이 된다면, 인간의 뇌를 따라 하는 인공지능은 점점 강한 힘을 가진 존재가 될 것은 자명하다. 그렇다고 인공지능이 강한 인공지능, 나아가 초인공지능까지 발전한다고 볼 수는 없다.

인공지능은 현대 사회의 핫이슈 중에서도 최고봉이며, 인공지능을 중심으로 세계정세는 변하고 있다. 인공지능은 정치, 경제, 사회, 문화 및 군사력 등 모든 부문에서 점점 더 막강한 힘을 발휘하게 될 것이고, 이로 인해 점점 더 국가 차원의 안보부터 개인별 맞춤형 서비스에 이르기까지 전 방위적인 사회변화가 올 것이다.

과연 인간과 비슷한 지능을 가진 강한 인공지능의 탄생을 필두로 결국 인간의 능력을 초월한 초인공지능의 시대가 도래하게 될까? 또한 이러한 기술 개발은 꼭 이루어져야만 할까? 이렇게 발전된 인공지능이 상용화된다면 과연 인류에게 긍정적인 측면이 많을까, 아니면 위험한 일들이 기다리고 있을까? 인공지능을 선한 영역에만 쓰일 수 있도록 제어할 수 있을까? 인간 고유의 능력이라고 여겨 왔던 감성과 창의성을 갖춘 인공지능이 개발되어, AI 인간과 생물학적 인간이 공존하는 시대가 올 것인가? 무엇보다도 인공지능은 신앙생활에 어떤 영향을 미치게 되는가?

인공지능에 관한 질문은 끝없이 이어진다.

인공지능의 장점

'무인도에서 살아남기' 같은 TV 프로가 있다고 해보자. 무인도에 던져진 참석자들은 물을 구하고 불을 지키고 사냥을 하는 등 거의 모든 시간을 '생존'하는 데 보낼 것이다. 그런데 과학기술은 인간에게 고된 노동의 수고를 덜어주며 생존을 넘어 창의적인 문화생활을 할 수 있는 길을 열어주었다. 인공지능을 제대로 활용한다면 인간의 삶은 미래에 풍요로운 사회가 된다.

인공지능의 장점을 간단히 살펴보자.

1. 인간의 단순한 노동 및 어려운 일을 대신한다

"여성 해방의 일등 공신은 세탁기의 발명"이라는 말이 있다. 단순 노동으로부터의 해방은 좀 더 인간다운 문화생활을 가능하게 해준다. 인공지능은 불평도 하지 않고 인간관계의 어려움도 겪지 않는다. 24시간 쉬지도 먹지도 않으며 단순하게 반복되는 업무를 대신해주면서 일상생활의 편리함을 제공한다. 나아가 폭탄 제거 임무, 산업 생산 라인이나 방사능에 노출된 곳 등에서 위험하고 복잡한 일을 대신해줄 수 있는 고마운 존재다.

2. 인간의 감정 노동을 대신할 수 있다

감정 노동의 대표적인 장소가 콜센터다. 콜센터는 고객과 기업이 소통하는 창구로, 이곳을 어떻게 관리하여 고객의 요구에 응대하느냐에 따라 기업의 평판이 달라지기도 한다.

그러나 엄청나게 쏟아지는 고객의 요구와 문의에 콜센터 직원들이 즉각 피드백을 하는 것이 쉬운 일이 아니다. 상담 직원 수가 절대 부족하고, 더군다나 고객의 거친 항의, 성희롱 등 감정 노동은 마음의 병을 낳아 상담 직원의 사기를 떨어뜨린다. 그러다 보면 고객들의 불만은 더욱 쌓일 수 있다.

이런 가운데 인공지능은 구세주(?) 같은 역할을 하고 있다. 음성인식과 자연어 처리기술의 발전으로 인공지능이 인간의 감정 노동을 대체하는 추세가 뚜렷해지고 있다. 소비자들의 문의에 인공지능이 챗봇(채팅로봇) 형태로 답변하는가 하면 음성인식을 활용한 대화로 소비자의 불편을 해결해주는 것이다.

각 분야에서 활용되는 서빙 로봇도 인간의 단순 노동과 감정 노동을 대체하고 있다.

3. 의사결정에 도움을 준다

B와 D 사이에 C가 있다. 탄생(Birth)과 죽음(Death) 사이에 선

택(Choice)이 있다는 것이다. 삶은 작고 큰 선택의 연속이다. 인공지능은 개인과 기업, 나아가 국가의 중요한 정책 선택에 큰 도움을 줄 수 있다.

인공지능은 복잡하고 다양하고 방대한 정보들을 신속하게 분류하고 분석하고 통합하여 정확하고 빠른 의사결정을 도우며 여기에 큰 역할을 할 수 있다. 그러므로 인공지능을 자동화, 무인화 영역에만 활용한다면 반쪽 활용에 그칠 것이다.

특히 의료계에서 IBM의 왓슨 같은 인공지능은 폐 질환, 유방암, 치매 등의 질환을 정확하고 빠르게 진단한다. 또한, 최신 논문, 과거 진료 정보, 학술지 등의 정보를 스스로 학습해 의사가 최적의 처방을 내리도록 보조하는 역할을 수행하기도 한다. 그 외에도 효과적으로 치료가 가능한 보조 소프트웨어들도 등장하고 있다.

인공지능을 잘 사용하면 정확도를 높이고 진단 시간과 비용까지 현저하게 줄일 수 있다. 또한, 환자들은 맞춤형 케어를 받을 수도 있다.

4. 거의 모든 분야에서 효율성을 증대시킨다

인공지능을 잘 활용하면 분명 업무의 효율성과 생산성이 향상된다. 이 점이 인공지능의 최강점 중 하나다. 제조업의 스마트화, 스마트팩토리(smart factory, 지능형 공장)는 인공지능 기반의 사이버 물리시스템을 통해 효율성 생산성을 비약적으로 높일 수 있고,

이는 더 나은 서비스와 가격 인하로 이어진다.

유통과 물류 영역에서도 인공지능이 적극적으로 활용되어 효율성을 높이고 있음은 물론이다. 아마존(Amazon)의 경우, 기존의 주문과 물류가 이원화된 시스템에서 주문, 재고, 유통을 통합한 주문이행센터를 고안하여 고객의 다양한 주문을 예측할 수 있는 인공지능 기반 예상 배송시스템을 구축했다.

자율주행차로 자동차 수의 획기적 감소, 자동차 비용 경감, 교통체증 감소, 환경오염 감소 및 노인이나 장애자의 자동차 이용 등과 같은 선순환을 낳을 수 있다. 또한 드론 배송 등으로 인간이 수행하기에는 거의 불가능한 영역에서 편리성을 더해줄 수도 있다.

특히 의료 복지 분야에서는 디지털 헬스케어(Digital healthcare) 등이 인공지능과 융합하여 혁신적인 서비스가 창출되고 있다. 장거리 원격진료와 수술, 맞춤형 진단, 치료로 건강 수명 연장이 가능하게 되며, 지능형 치매 관리, 치매 조기 진단 정확도 향상이 가능하다.

한 예를 들자면, 20년 경력의 안과의사가 약 2시간 동안 검사해야 진단할 수 있는 당뇨성 망막증을 자동으로 진단하는 기계가 미국 식약청의 인증을 받아 의료현장에 배치, 운용되고 있다.

당뇨성 망막증은 진료비도 비싸고 진료 난이도가 높아 많은 환자가 실명 위험에 노출되어 있었다. 그러나 의료 AI 기술이 도입되면서 체중계에 올라가 몸무게를 재는 정도의 노력만으로 간단하게 해당 질환을 검진할 수 있게 되었다.

사법 분야에서는 AI를 활용하여 범죄, 사고를 예방하고 검거율을 향상할 수 있다. 또한 변호사를 고용하여 일일이 처리해야 하는 복잡한 계약서를 이제는 AI가 검토한다.

미국의 지능형 법률 자문회사 로스 인텔리전스(ROSS Intelligence)는 IBM의 인공지능 왓슨(Watson)을 기반으로 대화형 법률서비스(ROSS, 인공지능 변호사)를 제공하고 있다. 기존 법률정보 검색시스템은 단순히 키워드 검색 결과를 나열하는 정도였는데, 인공지능을 기반으로 하는 이들의 서비스는 이용자가 일상의 대화체로 질문하면 질문과 연관성이 높은 법률적 답변과 함께 판례 등의 근거자료를 제공하기에 이르렀다.

금융 분야에서는 금융사고 탐지가 가능하게 되어 방금 발생한 이 거래가 정상적인 거래인지 확인할 수 있게 되었다. 인공지능의 번역 기능은 지구촌의 원활한 의사소통과 활발한 문화 교류를 불러오고 있다. 지능형 재해 대응으로 자연피해를 감축시킬 수 있다. 또한, 미세먼지 농도와 강수량을 예측하여 이에 대한 적절한 대비책도 시행할 수 있다.

구글의 슈미트 회장은 인공지능, 인터넷을 통한 지원 프로젝트들이 활성화되어 아프리카의 어린이들이 교육을 받고 각종 질병 치료를 받는 등 새로운 기회가 주어질 것이라고 말했다.

무엇보다 초고령사회 진입을 눈앞에 둔 우리나라에서 독거노인을 위한 인공지능 돌봄 로봇은 큰 역할을 할 수 있을 것이다.

아직 놀라기는 이르다. 그동안에는 불가능할 것으로 여겨졌던 창작의 영역마저 인공지능은 담을 넘어왔다. 웹 기반으로 수많은 빅데이터를 학습한 인공지능은 예술가의 패턴을 모방하여 오늘날의 인공건축물과 자연을 그들의 화풍으로 재현하기도 하고, 아예 새로운 창작물을 만들기도 한다. 디자이너의 영역으로 여겨왔던 독창적인 제품 스케치와 디자인을 하고, 소재의 특성까지 고려하여 새로운 핸드백을 만들어내기도 한다.

이제 인공지능의 도움으로 누구나 수준 높은 문서, 이미지, 사진, 그림, 영상을 만들 수 있게 되었다. 심지어는 3D 프린터의 발전에 따라 실물 제작도 가능해지고 있다. 인공지능이 모든 것을 대신하는 세상이 도래할지도 모른다는 생각이 들 정도다.

이렇듯 인공지능은 인간의 여러 육체적, 정신적 영역의 일을 효율적으로 대신하면서 인간에게 더 많은 창의적인 시간, 자유의 시간을 선물한다.

5. 신앙생활에 도움이 될 수 있다

인공지능을 성도들이 서로 소통하고 상호작용하는 네트워크를 형성하는 플랫폼 구축에 활용할 수 있을 것이다. 특정 개인의 형편과 처지에 적합하게 맞춘 신앙상담이나 교육에 사용할 수 있으며. 성경과 교리 내용을 쉽게 가르치고 일반적인 질의응답 체계를 구축하는 데에도 유용할 것이다.

특히 신앙상담 분야에서 민감하고 어려운 질문들도 인공지능에는 쉽게 물을 수 있고, 또 상세한 답을 얻을 수 있다.

인공지능은 또한 교인들의 성별, 연령대, 직업, 스케줄, 관심사, 가정의 형태 등 다양한 개인 정보를 분석해 최적의 소그룹을 추천하거나 연결해주는 데 도움을 줄 수 있다. 이를 통해 교인들은 개인의 상황과 성향에 더욱 맞는 소그룹에 참여할 수 있다.

소그룹의 각 구성원에게 맞춤형 교육 자료를 추천하는 데에도 인공지능을 활용할 수 있다. 구성원들의 관심사, 성향, 신앙의 깊이 등의 데이터를 분석해 최적의 신앙 교육 자료를 추천할 수 있다.

인공지능은 목회자들에게도 직접적인 도움이 될 수 있다. 많은 목회자가 필수적인 행정 업무에 시간을 많이 할애하고 있는데, 행정 업무에서 생기는 복잡함과 반복성은 목회의 주요 사역인 기도 및 설교와 성경 공부 준비에 집중력을 흐려 방해가 될 수 있다. 이런 가운데 인공지능을 비롯한 디지털 도구들을 통해 행정 업무를 자동화하면 목회자들이 더욱 본질적인 목회 사역에 집중할 수 있다. 또한 설교 준비를 위한 기초 자료 조사와 설교문 작성에도 도움을 줄 수 있다.

그뿐만 아니다. 코로나19 같은 상황이 또 닥치면 차선책으로 예배를 비롯한 모든 모임을 방송 디지털 인공지능의 도움으로 진행할 수 있다.

인공지능의 단점

1. 일자리의 상실

인공지능 시대가 오면서 가장 염려되는 것 중 하나가 인간 일자리의 상실이다. 흔히들 신기술이 나오면 그 기술로 인한 새로운 일자리가 창출된다는 희망적인 말을 하는데 인공지능에 대해서도 그런 의견이 있다. 낙관론자들은 기술혁신으로 근로자의 숙련이 고도화되고 생산성이 높아져 경제성장과 고용 증가에 기여한다는 입장이다.

3D프린팅, 빅데이터, 인공지능, 산업로봇 등 4차 산업혁명의 주요 변화 동인과 관련이 높은 기술 분야에 약 200만 개의 일자리가 창출되며, 이중 65퍼센트는 신생 직업이라고 한다.

그러나 사라지는 직업은 그 200만 개보다 훨씬 많다. 인공지능이 대체하는 직업들이 사라지는 만큼 새로운 일자리가 만들어지지 않는다. 분명히 많은 직업이 인공지능으로 대체되고 있다. 이미 제조업, 서비스, 단순 사무 직종 등에서 일자리가 감소하고 있는데 더 나아가 매우 고차원적인 사고와 섬세한 노동이 필요한 전문 직종의 일자리까지 대체되고 있다.

이에 스마트 팩토리, 스마트 에너지제어, 바이오제약, 가상현실 및 증강현실, 드론 제작 및 관리·운영, 스마트 금융시스템, 스마트 팜, 스마트 카 등 유망 첨단기술 기술의 고숙련 노동자에 대한 수요가 늘어나는 반면, 비숙련 노동자의 수요는 감소하여 노동수요의 양극화 현상이 발생할 가능성이 크다.

마이크로소프트가 31개국 3만 1,000명을 대상으로 조사한 보고서에 따르면, 노동자의 49퍼센트는 인공지능의 효율성을 인정하면서도 언젠가는 자신의 업무를 대체할 것이라고 우려했다. 실제로 공장 형태가 스마트 팩토리로 바뀌어가면서 자동화되고 있고 더 이상 생산라인에 사람이 많이 필요하지 않다.

여기서 주목할 점은 공장 자동화로 생산 현장에서 일하는 기술자나 기능공의 업무를 대체할 뿐만 아니라 사무직에 종사하는 직군의 일조차 인공지능이 대체하게 된다는 점이다. 저널리즘, 마케팅, 회계, 코딩 등 데이터를 기반으로 하는 업무 대부분이 AI의 영역이 될 것이라는 관측이다.

의료, 법률, 교육뿐만 아니라 산업의 근간이 되는 교통물류, 농업, 치안까지 모두 대체 가능하다는 것이 우리를 슬프게 한다. 인공지능이 대체할 수 있는 작업량은 적게는 25퍼센트, 많게는 절반을 훌쩍 넘으리라는 것이 전문가들의 예상이다.

실제로 아마존의 경우, 고객의 구매 성향을 파악, 분석하여 개인에게 최적화된 상품을 추천하는 업무를 인공지능으로 대체하여 수많은 직원을 정리해고했다.

2. 생활의 통제

또 다른 우려는 인공지능 기계가 서서히 우리 생활을 통제하게 된다는 것이다. 좋은 말로 하면 '도움'이고 격한 말로 하면 '통제'다.

우리는 스마트폰을 누르고 인터넷으로 물건을 구입하면서 자신도 모르는 사이에 자신의 모든 정보를 제공하고 있다. 그 정보를 바탕으로 인공지능은 우리에게 많은 길을 제시해줄 것이다. 약 먹을 시간, 약속 시간도 알려주고 의사결정에 적절한 조언을 해주며 우리를 잘 '관리'해줄 것이다.

편한 것 같고 합리적인 것 같기도 하지만 완벽하게 관리받을수록 사람들은 점점 더 숨이 막혀갈 수도 있다. 나의 일거수일투족이 모두 추적되는 상황이 기쁠 리는 없다.

무엇보다도 인공지능이 모든 일을 대신해주는 상황에서 인간은 사고력, 인지능력, 창의력 등이 저하되어 인공지능의 도움 및 통제에 따르는 예속적 존재가 될 수 있다.

3. 사람보다 기계에 친밀감을 느낀다

우리는 인터넷과 스마트폰의 등장으로 인해 직접 사람을 만나서 교감을 나누고, 교류하던 인간관계 방식에 이미 큰 변화를 맞이했다. 인공지능이 발달할수록 이러한 현상은 더욱 심화되어 사람이 사람보다는 기계와 더 친밀하게 관계하려는 경향을 가질 수 있다.

인공지능이 서서히 친구가 되어 간다. 인공지능은 인간과 달리 상처를 주지 않고, 배신하지도 않는다. 마치 반려동물처럼 친근하게 여겨질 수도 있다. 인공지능에 의존하는 사람이 늘어날수록 인간관계는 축소되고, 은둔형 외톨이가 더욱 증가할지도 모른다.

우리는 코로나19와 사회적 거리두기로 인해 전면 비대면 수업, 즉 각자 집에서 개별적으로 공부하는 일련의 일들을 경험했다. 그 결과는 슬펐다. 학생들은 수업에 집중해서 참여하지 못했고, 학습량도 적었고, 성적도 떨어졌다. 무엇보다도 많은 학생이 정서적인 어려움을 겪었다. 인간은 기본적으로 다양한 상호작용과 공동체와의 만남을 통해 배우고 성장해 가는데 그러지 못했기 때문이다.

기계와 아무리 친해져도 직접 만나 배우고 느끼는 만남과는 질적으로 다르다. 예수님도 이 땅에 직접 오셔서 우리와 함께 울고 웃으시면서 우리의 체질을 몸으로 느끼셨다. 기계는 우리 인간의 본질을 더욱 아름답게 해주는 역할을 해야지, 인간의 본질을 대체해서는 안 된다.

4. 독점의 위험

인공지능에는 고도의 기술력과 대규모 자본이 필요하므로 인공지능으로의 진입 장벽은 매우 높다. 이른바 '규모의 경제' 원리를 따라갈 수밖에 없다.

구글이나 카카오, 페이스북과 같은 인터넷 대기업은 다양한 편의를 제공하는 프로그램을 무료로 제공하지만, 동시에 그 서비스를 통해 수집된 빅데이터를 기계에 학습시켜 인공지능 운영에 활용한다. 사실상 공짜가 아닌 셈이다.

또한 수집된 데이터는 독점된다. 이런 방식으로 인공지능의 혜택이 골고루 퍼지지 않고 일부 기업에 독점될 가능성이 있다. 서서히 이용자들은 고도의 기술을 설계하고 운용하는 거대 기업이나 국가에 수동적으로 의존하게 되고 심지어는 예속될 위험도 생긴다.

5. 인간 위에 군림할 가능성

인공지능이 스스로 생각하는 능력을 갖게 된다면, 〈매트릭스〉나 〈터미네이터〉 같은 SF소설이나 영화에서와 같은 일까지는 아니더라도, 사회 근간을 흔드는 위험이 될 수도 있다.

인공지능은 서서히 인간 없이도 자율적인 판단이 가능해지고 있다. 최근 인공지능 설계 단계에서 윤리적 기준을 알고리즘화하는 소프트웨어 방법이 개발되어 인간 통제 없이도 인공지능의 자율적인 윤리적 행동이 가능하다는 연구가 발표될 정도다.

챗GPT는 검색을 통한 사전적 지식을 제공하던 이전 인공지능 프로그램과 달리, 사람처럼 친밀하게 대화를 주고받을 수 있다. 이론적으로는 인공지능이 스스로 생각과 자의식을 가질 수 없다 할지라도, 사람들은 서서히 인공지능을 마치 '생각하는 존재'인 양 여기면서 대화하고 있다. 인공지능의 '인격화'가 점점 이루어지는 것이다.

실제로 지식의 속도와 정보량에 있어서 인간은 인공지능을 따라갈 수 없다. 이 무한대에 가까운 정보를 가진 인공지능은 날이

갈수록 소통과 대화에 있어서 거침이 없을 것이다. 이렇듯 인공지능은 서서히 인간 위에 군림할 가능성이 있는 것이다.

결국은 사람

좋은 사람이 좋은 인공지능을 만들고, 나쁜 사람은 나쁜 인공지능을 만든다. 좋은 사람이 인공지능을 좋게 사용하고, 나쁜 사람은 인공지능을 나쁘게 사용한다!

말과 뜀박질 경주를 하면 인간은 100전 100패다. 말에 올라타야 이긴다. 그런데 올라타기만 하는 것으로는 안 된다. 재갈 물리고 고삐를 잡고 원하는 방향으로 달려야 인간이 말보다 나아지는 것이다.

이어령 교수는 인간이 만든 인공지능을 인간이 과연 올라탈 수 있느냐 없느냐가 중요하지, 인공지능이 인간보다도 머리가 우수해지면 인간이 망한다는 논리는 맞지 않는다고 했다. 그것은 마치 "말이 인간보다도 빨리 뛰니까 인간이 망한다"라는 얘기와 똑같은 논리라는 것이다.

그래서 인공지능 자체보다 '사람'이 중요하다. 인공지능을 선하게 사용하며 선하게 제어할 수 있는 좋은 사람이 중요하다. 분명 기술 자체에 대한 올바른 이해와 반성이 필요하지만, 그보다 더욱 집중해야 할 것이 '사람'이다.

이 이야기를 하기 위해서 중국 청나라로 떠나보자.

중국 청나라 최고의 황제 중 하나인 건륭제는 앞선 명나라 왕조의 한 장수와 관련해 이렇게 말했다.

"천고기원(千古奇冤)!"

'천고에 원통한 사건!'이었다는 탄식이다. 그 주인공은 원숭환(袁崇煥)이다. 그는 명청 교체기에 명나라를 사수한 마지막 명장으로, 우리나라의 이순신 장군 같은 존재였다. 그런 그가 왜 중국 역사에서 가장 억울한 죽음을 당한 사람이 되었을까.

훗날 청나라가 되는 후금의 건국자 누르하치는 수백 번의 전투에서 한 번도 패하지 않은 전쟁의 신이었다. 특히 유명한 사르후(Sarhu) 전투에서 조선과 명나라의 연합군을 격퇴한 그는, 정예군 20만 명을 이끌고 명나라 본토로 들어가는 길목인 영원성(寧遠城)으로 진군한다.

그러나 겨우 1만 명의 군사를 이끌고 있던 명나라의 원숭환에게 생애 처음으로 뼈아픈 패배를 당한다. 원숭환은 네덜란드에서 들여온 막강한 화력의 홍이포(紅夷砲)를 성곽에 배치하고, 밀집대형으로 공격해오는 누르하치의 군대를 집중 포격하여 격퇴한다.

누르하치의 뒤를 이은 후금의 태종 홍타이지 또한 걸출한 인물인데 그도 영원성에 쳐들어갔지만 원숭환에게 패한다. 이에 후금이 영원성을 우회하여 서쪽으로 수천 킬로미터를 달려 북경을 위협하자, 원숭환은 전방의 군대를 끌고 와 사투 끝에 또 후금군을 몰아낸다.

사정이 이와 같으니 태종 홍타이지에게 원숭환은 정말 눈엣가시 같은 존재였다. 그를 제거하지 않고는 명나라를 손에 넣을 수가 없었다.

이에 그 유명한 반간계(反間計)를 쓴다. 즉, 포로로 잡은 명나라 환관에게 청군 지휘관들이 원숭환과 내통하고 있는 듯한 거짓 정보를 흘리고, 이 환관이 탈출하게끔 해준다. 환관은 황제에게 달려가 원숭환이 적과 한패라고 고한다.

명나라 마지막 황제인 숭정제는 시기심과 의심이 많은 데다 나라가 어려워지자 더욱 사람들을 믿지 못했다. 거기에 명나라 멸망의 원흉으로 지목받는 환관 패거리인 엄당(奄黨)의 계속된 모함으로, 원숭환은 끔찍한 능지형을 당해 죽게 된다.

원숭환이 죽자 그의 부하 조대수는 병력 1만 5,000명을 이끌고 청나라에 투항하고, 이때 홍이포의 제작기술까지 청에 넘어간다. 이는 명나라 국운을 가른 사건이었다. 이로부터 15년 후, 명나라는 멸망하고 숭정제는 극단적인 선택을 하고 만다.

최고의 장군 원숭환과 최고의 무기 홍이포가 있어도 명나라는 망했다. 마찬가지다. 솔로몬, 삼손과 같이 최고의 재능과 환경을 가지고 있어도, 그것을 관리할 자기 절제력이 없으면 멸망할 수 있다. 더 범위를 넓혀, 국가와 인류도 그러하다. 최고의 기능을 가진 인공지능 AI와 그것을 움직일 수 있는 최고의 인재들이 있어도, 죄악에 빠져 선용(善用)하지 않고 악용(惡用)한다면 가장 큰 재앙이 된다.

결국은 기술의 문제를 넘어 그 기술을 다루는 '사람의 문제'다. 여기에 그리스도인들의 중요한 사명이 있다. 사람들이 큰 죄악에 빠지지 않도록, 그리하여 하나님이 주신 최고의 선물들을 선용할 수 있도록 이 땅에서 소금의 역할을 다하는 사명이다.

4차 산업혁명이라는 말을 처음 사용한 클라우스 슈밥 역시 "제4차 산업혁명의 최종 목적지는 결국 그 잠재력이 최대한 발휘될 수 있도록 만드는 우리의 능력에 달려 있다"[14]라고 말했다.

마이크로소프트의 CEO이자 최고 법무책임자인 브래드 스미스(Brad Smith)도 《기술의 시대》에서 "기술혁신이 느려지는 일은 없을 것이며, 기술을 관리하기 위한 노력이 속도를 내야 한다"[15]라고 했다. 역시 기술 그 자체보다 그 기술을 관리하는 사람이 중요하다는 것이다.

칼이 어머니의 손에 들려 있을 때는 맛난 요리를 하고, 강도의 손에 들려 있을 때는 사람을 해치는 도구로 사용된다. 도구의 문제라기보다 그 도구를 사용하는 사람의 문제다.

기술이 너무나 발전하여 인간을 불멸(?)의 수준까지 업그레이드하고 마음과 욕망까지도 통제하고 조작할 수 있게 될 때, 그것으로 무엇을 할지 알지 못하고 이러한 흐름을 멈추게 할 브레이크조차 존재하지 않을 때, 인간은 소외되고 말할 수 없는 위기를 맞게 될 것이다.

대책 없이 끌려가면 안 된다

유발 하라리의 말대로, 인류는 지금 전례 없는 기술의 힘에 접근하고 있지만, 그것으로 무엇을 해야 하는지는 잘 모른다. 그는 자신의 저서 《호모 데우스》에서 이렇게 말했다.

> "다가올 몇십 년 동안 우리는 유전공학, 인공지능, 나노기술을 이용해 천국 또는 지옥을 건설할 수 있을 것이다. 현명한 선택이 가져올 혜택은 어마어마한 반면, 현명하지 못한 결정의 대가는 인류 자체를 소멸에 이르게 할 것이다. 현명한 선택을 하느냐 마느냐는 우리에게 달려 있다."[16]

과학기술 그 자체는 중립적인 것처럼 보이지만, 사실 모든 것이 그 사용자에 달려 있다. 4차 산업혁명 시대, 인공지능으로 인한 혁신은 뒤로 돌릴 수도 없고 그 속도가 느려지지도 않는다. 공생과 공멸의 힘을 가져가는 막강한 그 기술을 관리하기 위한 사람의 전문성과 도덕 윤리적 수준이 높아지는 것이 중요하다. 개발자와 사용자 모두가 올바른 윤리 기준을 가지고 있어야 인공지능은 최상의 것이 된다. 그렇지 않으면 최악의 것이 된다.

수많은 전문가의 우려에도 인공지능 개발은 멈출 수도 없고 멈춰지지도 않을 것이다. 인공지능의 위험을 경고했던 이들조차 그것을 가능할 것으로 생각하지는 않는다고 했다.

이세돌과 인공지능 알파고의 대결로부터 7년 후, 우리는 또 다른 모델의 인공지능을 마주하고 있다. 오픈 에이아이(Open AI)사가 GPT 3.5를 기반으로 개발한 대화형 인공지능 서비스 '챗GPT'(ChatGPT)가 등장했다. 질문에 답할 뿐만 아니라 그림을 인식해서 대상의 특징을 파악하여 답을 내놓는다.

2022년 11월 30일에 공개된 챗GPT는 엄청난 반응을 불러일으켰다. 통계청에 의하면 사용자가 5일 만에 100만 명, 40일 만에 1,000만 명에 달했다. 그리고 한 달 동안 서비스를 이용한 순수한 이용자 수가 1억 명을 달성하는 데 2개월밖에 걸리지 않았다. 이 경주에 구글의 '바드'(Bard)와 메타의 '라마'(LlaMA)도 참여했다. 인공지능은 이렇듯 숨 막히게 발전하고 있다.

옥스퍼드대 철학과 교수 겸 인류미래연구소장인 닉 보스트롬은 인공지능 연구 분야의 최고 석학 중의 하나다. 그는 가공할만한 인공지능이 더욱 개발되기 전에 인공지능에 대한 도덕, 윤리, 철학적 지침을 세워야 함을 역설했다.

그는 '참새의 대화'라는 우화를 통해 이것을 설명한다. 이 우화에서 참새들은 부엉이가 한 마리 있으면 좋겠다는 이야기를 나눈다. 부엉이가 있으면 어르신과 새끼들도 돌봐주고, 고양이가 나타나는 것을 감시할 수 있다는 것이다.

한 참새가 부엉이를 길들이는 법부터 생각해야지 잘못하면 큰 재앙이 될 것이라고 경고하지만, 다른 참새들은 그 말을 흘려들은 채 부엉이를 통제할 방법을 찾기도 전에 부엉이알을 찾으러 떠난다.

이 우화의 뒷이야기는 적혀 있지 않다. 하지만 참새가 아무 대책 없이 부엉이를 데리고 오면 일어날 일들은 자명하다. 부엉이는 둥지의 주인 자리를 꿰차고, 참새들은 부엉이에 장악당할 것이다. 아무 대책 없이 무한대의 능력을 가져가는 인공지능이 개발되어가면 참새와 부엉이 이야기는 우리의 현실이 될 수도 있다.

적어도 아직까지는 인간이 방향의 키를 잡고 있으며 기술이 우리가 이해할 수 있는 수준에서 움직이고 있다. 그러나 앞으로는 모른다. 이에 인공지능의 발전이 언제까지든 인간의 행복을 위한 것이 되고 인간의 제어권 내에 있을 수 있도록 인공지능 윤리를 법제화하고, 이를 준수하도록 하는 국제적인 공동의 노력이 꼭 필요하고, 중요해지고 있다.

인공지능 기술이 미래 풍요로운 삶을 제공할지, 인간의 일자리를 빼앗고 인간의 삶을 지배할지, 더 나아가 전도와 선교의 중요한 도구가 될지, 바벨탑이 되어 하나님을 대적하는 도구가 되는지는 인공지능을 연구하는 과학자와 이를 활용하는 우리의 몫이다. 놀라운 과학적 업적을 이룬 인간에게 그 능력에 걸맞은 영적인 각성이 절실히 필요하다.

오노 가즈모토 《초예측》

초지능 인공지능이 오기 전에
초기 설정을 잘하라

《초예측》은 일본의 저널리스트 오노 가즈모토가 생물학, 역사학, 경제학 등 각 분야의 세계적인 석학 8인과 인터뷰하며 향후 미래를 예측하고 이를 문답 형식으로 엮은 책이다.

《사피엔스》의 유발 하라리를 비롯해, 《총,균,쇠》의 저자인 재레드 다이아몬드, 《슈퍼 인텔리전스》의 저자이자 인공지능 연구자 닉 보스트롬, 인재론과 조직론의 대가이자 《백세 인생》의 저자인 린다 그래튼, 파리대학 교수로 프랑스를 대표하는 대표적인 경제학자이자 《악의 번영》의 저자 다니엘 코엔, 노동법 전문가이자 《백인 노동자 계급》의 저자인 조앤 윌리엄스, 인종사 전문가로 《백인의 역사》를 저술한 넬 페인터, 《핵 벼랑을 걷다》의 저자이며 클린턴 행정부에서 국방장관을 지낸 윌리엄 페리가 다음과 같은 주목받는 주제를 중심으로 대담을 했다.

'인류는 어떤 운명을 맞이할 것인가'(유발 하라리), '현대문명은 지속할 수 있는가'(재레드 다이아몬드), '인공지능을 어떻게 통제할 것인가'(닉 보스트롬), '100세 시대는 삶을 어떻게 바꾸는가'(린다 그래튼), '기술이 인간을 행복하게 해주는가'(다니엘 코엔), '무엇이 민주주의를 위협하는가'(조앤 윌리엄스), '혐오와 갈등은 사회를 어떻게 분열시키는가'(넬 페인터), '핵 없는 동북아는 가능한가'(윌리엄 페리).

그런데 이들이 미래를 예측하는 시각에 공통적으로 맞물린 키워드, 향후 미래를 결정짓는 요인으로 주목한 것이 바로 '인공지능'이다.

그중 '인공지능을 어떻게 통제할 것인가?'에 중심을 두며 인터뷰한 닉 보스트롬은 현재 인공지능과 관련해 가장 주목을 받는 학자 중 한 명이다. 분석철학, 물리학, 계산 신경과학, 수리논리학자이자 옥스포드대학교의 철학과 교수로 옥스퍼드 마틴 스쿨의 '인류 미래 연구소'(Future of Humanity Institute) 소장인 그는 인간을 연구하는 인문학자인 동시에 인공지능의 속성을 잘 이해하고 있는 사람이다.

빌 게이츠는 닉 보스트롬의 저서 《슈퍼 인텔리전스》(Super intelligence)를 "현재를 확인하고 미래를 전망할 수 있는, 반드시 읽어야 할 두 권의 책 중 한 권"이라고 평가했다.

닉 보스트롬은 이 책에서 인공지능은 앞으로 인류의 보편적 지능을 능가하는 기계 두뇌인 초지능(Super intelligence)이 될 수밖에 없다며, 인간의 지능을 초월한 초지능 AI가 탄생할 것이라고 했는데, 이러한 초지능 AI의 도래는 많은 전문가가 주장하는 사항이다.

그가 전문가 대상의 설문 조사에서 강인공지능(인간과 비슷한 수준의 지능을 보유한 인공지능) 기계의 탄생 시점은 2040년까지가 50퍼센트, 2075년까지가 90퍼센트의 가능성으로 나왔다. 또 그 시점으로부터 초인공지능, 즉 인간의 지능을 훨씬 뛰어넘는 기계지능의 도래 시점이 30년 이내일 가능성이 75퍼센트로 나왔다. 최근 딥러닝(Deep Learning, 심층 학습) 기술이 눈부시게 발전하면서 초지능의 도래 시기는 당초 예상보다 빨라졌다.

그리하여 그는 강한 인공지능이 생겼을 때 인류에게 주는 영향을 다양한 시나리오로 시뮬레이션했다. 닉 보스트롬뿐 아니라 구글을 비롯한 각 민간업체 및 인공지능 개발에 앞선 각 정부 등이 시뮬레이션을 한 결과, 강한 인공지능을 적절하게 제어하지 못하면 말할 수 없이 혼란한 상황이 전개될 수 있다는 비슷한 결론이 나왔다.

초지능 AI의 힘은 상상을 초월할 정도여서, 초지능 AI가 도래하면 이를 인류가 통제할 수 있느냐 없느냐에 따라 인류의 존망이 갈릴 것이라고 말할 정도다.

닉 보스트롬은 이것을 현재 고릴라의 운명이 고릴라 자신이 아니라 인간에게 달려 있다는 비유로 설명한다. 즉 고릴라가 현재 자신의 운명을 스스로 결정하지 못하고 자신보다 더 우월한 지능을 가진 인간의 손에 넘긴 것처럼, 초지능 AI가 나오는 날을 기점으로 인간의 운명 또한 초지능 AI 앞에서 그러한 신세가 되리라는 것이다.

초지능에 도달하기 전에 고민해야 할 것

이렇게 큰 위험성이 있어도 이 기술이 끊임없이 개발되고 있는 것은 그만큼 효용 가치가 무한하기 때문이다. 무한하다는 말이 적절한 것이다. 인공지능의 쓰임새는 무한하다. 지금도 그렇지만 앞으로도 더욱 인간이 하기 고된 일, 하기 싫은 일, 위험한 일 등은 인공지능이 맡아 하게 될 가능성이 거의 100퍼센트에 가깝다.

여기서 우리는 두 가지 미래를 그려 볼 수가 있다.

만일 인간이 완벽하게 인공지능을 통제할 수 있다면, 인간의 삶은 더욱 윤택해질 것이다. 인공지능은 과학이나 의학, 군사적인 면뿐 아니라 일상에서도 그 쓰임새가 무궁무진하다.

그러므로 특정 영역에서만 작용하는 기능(약한 인공지능)이 아니라 인간이 하는 모든 일과 지적 과제를 수행하는 범용 인공지능(강한 인공지능)을 만들되 또한 그것을 완벽하게 통제할 수 있다면, 인공지능은 생산을 위해 노동력을 책임지고 인류는 더욱 인간다운 문화생활에 더욱 심취할 수 있는 유토피아가 출현할 가능성이 있다.

그러나 또 하나의 시나리오로서 인공지능이 인간의 통제를 벗어나는 경우라면 상상할 수 없는 최악의 상황이 전개될 것이다.

"우리는 혁신이라는 이름으로 과학기술을 급속도로 발전시켜왔고 그 결과 자연재해와는 완전히 다른, 새로운 가능성이 열렸습니다. … 불과 100년 사이에 핵무기, 생물무기, 인공지능 등의 과학기술이 인간 문명을 완전히 새로운 국면으로 이끌었음을 알 수 있습니다. 고로 이번 세기에 인류가 멸망한다면 그것은 자연재해 때문이 아니라 인간 활동에 의한 것일 확률이 훨씬 큽니다."[17]

스티븐 호킹 또한 인공지능 AI는 인류의 마지막 기술일 수 있다고, 짧지만 아주 명확한 경고 메시지를 전했고, 빌 게이츠나 일론 머스크 등도 인공지능이 인류사상 최대의 성과이면서 최후의 성과이자 인류의 재앙이 될 수도 있다고 주장했다. 따라서 닉 보스트롬은 인공지능 개발에 앞서서 다음 사항을 깊이 숙고해야 한다고 말한다.

첫째, 반드시 인류가 원하는 방향으로 설계하고 기술적으로 통제 가능한 범위 안에서 운영할 수 있도록 안전성에 주안점을 두고 개발해야 한다.

이에 닉 보스트롬은 초지능에 도달하기 전에 기술적으로 통제하는 방법을 찾아야 한다고 역설한다. 일단 개발되어 이용되기 시작하면 이전의 사회로 돌아가기란 불가능한 과학기술도 있다. 인공지능은 이와 같은 '비가역적'(되돌릴 수 없는)인 과학 기술이므로 초기 설정이 아주 중요하다.

인공지능으로 인해 사회적 대전환이 시작되면 부작용과 역기능, 심각한 위험성이 드러난다고 해도 다시 원래로 되돌리는 것은 불가능하다. 철학적인 문제야 후손들에게 미룰 수 있어도 기술적인 문제는 그럴 수 없다는 것이다.

따라서 다른 신기술과 달리 인공지능은 처음 시작 단계부터 올바르게 잡아야 한다는 사회적 담론을 최대한 형성해야 한다. 초기값이 돌이킬 수 없는 사태를 초래할 수 있으므로 초기부터 기술적으로 그 초지능을 통제하는 방법을 개발해야 한다.

둘째, 인공지능이 모든 것을 해주는 시대가 도래했을 때 그것을 온전한 행복으로 치환하기 위해서는 반드시 인간 존재의 근원적 의미에 대한 고찰이 선행되어야 한다.

이는 인공지능이 인간의 거의 모든 것을 대신해주는 사회가 도래한다면, '인간 삶의 의미는 무엇인가?', '인간은 무슨 목적 속에서 살아야 하는가?' 하는 철학적 고민이 선행되어야 한다는 것이다. 그렇지 않으면 인간은 편리함을 얻는 대신 삶의 의미를 잃은 껍데기 인생을 살게 될 것이다.

그는 삶의 의미에 대해, 과거에는 가문의 명예를 드높이거나 사회에 공헌하고 높은 자리에 오르는 것이었다면 미래에는 여가를 즐기며 작은 성취에서 기쁨을 느끼는 일이 더 바람직한 것으로 간주될지도 모른다고 예측했다.

셋째, 인공지능이 특정 기업이나 국가에만 이익을 주는 것이 아니라 인류 전체에 혜택을 주기 위해 필요한 제도나 구조에 대해서 고민해야 한다.

이 점은 보스트롬뿐 아니라 모든 인공지능 전문가 관계자들이 이구동성으로 말하는 바이기도 하다. 인공지능이라는 새로운 기회는 빈익빈 부익부로 빈부 격차를 더 벌릴 수 있다.

첨단기술을 잘 활용하는 계층은 수명이 늘고 살아있는 동안 할 수 있는 역량은 커지기에, 경제적 부를 얻을 기회가 더 많아진다. 따라서 경제적인 구조는 중산층이 더욱 없어지는 피라미드 형태가 되고, '격차'가 더욱 심화될 수 있다.

서울여대 바른AI연구센터장인 정보보호학과 김명주 교수는 이렇게 지적한다.

"'정보격차(Information Divide)' 또는 '디지털 격차(Digital Divide)'에 대한 해소는 주로 국제적으로나 국가적 차원에서 다뤄온 인터넷 윤리의 핵심 주제다. 정보기술의 접근성 및 활용 수준에 따라 개인별로 새로운 생산수단 확보와 직업 종사 기회가 갈리게 되므로 빈익빈 부익부 현상이 갈수록 심화된다. 이를 '정보격차' 또는 '디지털 격차'라고 부른다. 이는 개인에서도 발생하지만 크게는 지역 간, 계층 간, 국가 간에도 발생한다."[18]

이제 닉 보스트롬이 전하려고 하는 이야기의 핵심을 보자.

"미래는 불확실하지만, 실제로 미래를 완성해가는 과정이 곧 미래를 위한 사고이며 이 사고로부터 탄생하는 의지 자체가 곧 미래라고 할 수 있다."[19]

불투명한 미래를 두려워하지 말고 미래를 구체적으로 아름답게 만들어가는 과정이 미래이며, 또한 이것이 미래에 대한 막연한 두려움을 없애는 방법이라는 것이다.

인공지능에 대해 막연한 기대, 막연한 두려움을 가지기보다 어차피 반드시 다가올 기술이기에 인류에게 도움이 되는 방향이 무엇일까를 고민하는 것이 더 나은 미래를 만드는 방법이 될 것이다.

문화 명령의 사명

창세기에는 이른바 '문화 명령'(Cultural Mandate)이 나온다. 이 명령은 인간이 하나님을 대신하여 하나님처럼 세상을 다스릴 것을 말씀하신 것이다.

> 하나님이 그들에게 복을 주시며 하나님이 그들에게 이르시되 생육하고 번성하여 땅에 충만하라, 땅을 정복하라, 바다의 물고기와 하늘의 새와 땅에 움직이는 모든 생물을 다스리라 하시니라 창 1:28

이 구절에서 땅을 정복하고 다스리라는 말씀은 마구 파헤쳐 자신들의 욕망을 위해 사용하라는 말이 아니라 하나님이 지으신 이 땅을 창조 질서에 맞게 잘 지켜 보전하라는 의미다. 창세기 2장 15절을 보면 그 의미를 더욱 구체적으로 알 수 있다.

여호와 하나님이 그 사람을 이끌어 에덴동산에 두어 그것을 경작하며 지키게 하시고 창 2:15

하나님은 아담에게 에덴동산을 잘 '경작하며 지키게'(work it and take care of it) 하셨다. '경작하다'라는 말은 히브리어 '아바드'로, '경작하다, 예배하다, 섬기다'라는 의미가 있다. '지킨다'라는 말은 히브리어 '솨마르'로, 주로 제사장이 성막을 '지키고' '관리하는' 사역을 나타내는 단어다. 특히 이 '경작하다'(Cultivate)라는 말은 후에 '문화'(Culture)라는 말의 어원이 된다. 창세기의 노동 명령은 곧 문화 명령이었다. 이 구절을 표준 새번역으로 읽어보면 의미가 더욱 깊게 다가온다.

주 하나님이 사람을 데려다가 에덴동산에 두시고, 그곳을 맡아서 돌보게 하셨다.

"맡아서 돌보게 하셨다!"
인간은 하나님으로부터 하나님의 창조물인 세상을 잘 다스리며 지키며 관리하며 문화를 발전시킬 책임을 위임받은 존재다. 인간의 기술도 마찬가지다. 잘 경작하며 지켜야 한다.
하나님은 각종 들짐승과 새들을 지으시고 아담에게 그것들의 이름 짓는 일을 맡기셨다.

> 아담이 모든 가축과 공중의 새와 들의 모든 짐승에게 이름을 주니라… 창 2:20

이름은 존재의 집이다. 이름이 없던 동물들에게 이름이 주어졌다는 것은 비로소 존재의 의미가 부여되었다는 것이고 이는 창조의 완성을 의미한다. 하나님은 아담에게 짐승들의 이름 짓는 일을 맡기심으로써 창조를 완성하신 것이다.

하나님의 창조 사역에 동참하게 하신 큰 특권이다. 창조는 전적으로 하나님의 영역이지만, 하나님은 그 기쁨을 아담과 나누기를 원하셨고, 그 기쁨이 영원히 지속되기를 원하셨다.

아담은 이렇듯 하나님이 주신 능력으로 동물들의 이름을 지으며 창조의 활동을 했다. 그 후 인간은 창의성을 발휘하여 수많은 문화 발전을 이루어 왔다.

예를 들어, 노아가 지은 방주를 보자. 거대한 지구적 홍수에도 침수되거나 파손되지 않는 놀라운 선박 건조 기술이었다. 솔로몬 시대에 건축한 성전도 창연한 건축이었다. 로마 시대의 도로망은 로마 제국의 인프라가 얼마나 발전되었는지를 보여준다. 이 도로를 따라 초대 교인들은 복음을 전했다.

이후로도 사람들은 계속 문화를 발전시켜왔다. 증기기관, 전기, 컴퓨터, 자동차, 비행기, 심지어는 우주로까지 여행이 가능한 우주선뿐 아니라 알지 못했던 새로운 소재와 물질들을 광범위하게 사용할 수 있게 만들었다. 의학 부문의 발전도 눈부셔서 인간의 평균 수명은 더욱 길어졌고 질병에서 벗어나며 삶의 질도 높아졌다.

지금의 4차 산업혁명 시대는 인간이 이제껏 발휘하였던 창조성과는 다른 양상, 즉 '가상 세계' 및 '인공지능'의 창조에까지 이르렀다. 어느덧 기계는 육체노동의 영역을 넘어 인간 고유 영역이라고 여기던 '지능의 영역'까지 넘어왔다. 인간의 과학기술은 이제 신의 영역에까지 들어왔다고 할 정도다.

이 기술들이 다 그렇지만, 특히 인공지능을 잘 경작하며 지켜야 한다. 인공지능을 잘 활용하면 인간은 위험하고 고된 일에서 벗어나 더욱더 인간다운 문화생활을 할 수 있을 것이다. 또한 지구 파괴라는 비극을 막을 도구가 될 수도 있을 것이다. 하나님나라를 확장하는 데도 유효하게 쓰일 것이다. 그러나 초지능으로 발전해 가는 인공지능을 잘 제어하지 못하면 최악의 상황을 맞을 수도 있다.

잘 지켜 다스리라는 주님의 문화 명령은 오늘날 우리 성도들에게 주어진 큰 사명 중의 사명이다.

김명주 《AI는 양심이 없다》

AI는 양심이 없다
사람은 양심이 있다

"기술은 양심이 없다!"

미국의 존 F. 케네디 대통령이 군산복합체의 부당함을 언급하며 한 말이다. 김명주 교수는 말한다.

"AI는 양심이 없다."

기술은 양심이 없지만, 사람에겐 양심이 있다. 매년 기술이 발전하고 혁신이 일어나지만, 그 기술을 올바른 방향으로 쓰는 것은 결국 '사람의 양심과 관심에 달려 있다!'라는 의미다.

AI가 이제 서서히 사람의 모습으로 다가온다. 사람과 똑같은 신체적 조건으로 다가오는 경우도 있고 홀로그램을 통해서 다가오기도 한다. 지금도 AI 기상캐스터, AI 아나운서, AI MC 등 AI로 시작하는 여러 형태의 가상 인물들을 심심치 않게 볼 수 있다. AI 가상 인물들은 지치지도 않고 불미스러운 일도 일으키지 않는 등 장점이 많으므로 가상 인물들의 영역은 분명 확대되어 갈 것이다.

이런 가운데 2018년에 유럽 연합에서 AI를 '전자 인간'으로 명명하는 법을 유럽공동체에 발의한 적이 있었다. 기각되긴 했지만 지금도 시도가 이루어지고 있다.

그런데 문제가 있다. AI 인공지능은 양심이라는 것이 없는데, 큰 능력이 있어서 사람이 하는 중요한 일들을 지금 대신하고 있다는 것이다. 초기 단계지만 AI가 재판하는 경우가 있고, 면접도 한다. 이미 많은 회사에서 신입사원 채용과 인사(人事) 제도에 AI를 활용하고 있다. 사람의 신용을 평가하고, 어떤 나라에서는 비자를 줄지 말지도 AI가 평가한다.

이렇듯 양심이 없는 AI가 사람의 행정적인 일을 결정하고, 개인이나 공동체의 달려갈 길을 정하는 데도 참여할 정도다. 놀라움과 동시에 두려움이 든다.

인공지능에 관한 첨단과학 영화나 소설을 보면 긍정적인 면보다는 디스토피아를 그린 경우가 많다. 인공지능을 만들고 이용하는 우리에게 윤리 의식이 갖춰지지 않으면, 인공지능은 핵무기보다 더 무서울 수 있다. 스티븐 호킹이나 빌 게이츠, 일론 머스크 등이 인공지능은 인류 최대의 성과이면서 동시에 인류의 재앙을 몰고 오는 최후의 성과가 될 수 있다고 주장한 것이 바로 이런 점 때문이다.

좀 더 구체적으로 보자. AI는 양심이 없으므로 그것이 내리는 도덕적 결정은 개발자의 도덕성을 반영할 것이다. 개발자들이 자비롭고 충분히 도덕적인 존재라면 아무 문제가 없는데, 개발자뿐 아니라 이용자 모두가 죄성이 가득한 존재들이다. 바로 이 점이 고통스러운 것이다.

1909년에 독일의 화학자인 프리츠 하버(Fritz Haber)는 암모니아를 대량 생산하는 방법을 발견해 근대 화학비료 산업의 태동을 이끌며 농업혁명을 촉발했다. 그러나 하버는 1차 세계대전이 발발하자 암모니아로 화약을 대량 생산하고, 대량 살상을 위한 독가스를 개발했다. 하버는 생물학, 철학, 사회학 등에서 긍정과 부정을 모두 논할 때 거론되는, 야누스적인 두 얼굴을 상징하는 중요한 인물이다.

기술은 이같이 사람에 따라 천사의 도구로도, 악마의 도구로도 쓰인다. '과학기술이 가치중립적인가?'라는 질문은 끝없는 논란거리였다. 답이 없는 이 질문은 뒤로 하고, 과학기술을 개발하고 사용하는 '사람'이 중요하다는 것은 두말할 필요가 없다. 기술은 그것을 디자인하고 개발하고 사용하는 사람들에 의해서, 그들의 의도대로 발전하기 마련이다.

기술의 궤적은 그 기술을 둘러싼 사회집단들 사이의 상호 작용에 의해서 결정되는 경우가 태반이다. 인공지능같이 막강한 과학기술의 경우에는 더욱 그러하다. 악한 사용자가 사용할 경우, 더군다나 악한 사용자가 악한 사용자를 만나 인공지능으로 대결할 경우에는 최악이 된다.

다시 강조해보자. 김명주 교수는 신뢰할 수 있는 인공지능을 확보하려면 먼저 인공지능을 만들어내고 발전시키며 확산시키는 주체인 '인간 자신'이 중요하다고 했다. 겉으로는 인공지능이 엄청난 능력으로 인간을 흔드는 것처럼 보이지만, 인공지능은 인간으로부터 나오는 기술이므로, 결국 인간을 흔드는 것은 인간 자신이기 때문이다.

"인공지능이 앞으로 세상을 온통 흔들어대며 크게 바꾸어 갈 것이 분명하다. 그렇다면 우리는 믿고 함께 할 수 있는 인공지능을 확보하는 일에 지금 당장 온 힘을 쏟아야 한다. 그런데 이처럼 '신뢰할 수 있는' 인공지능을 확보하려면 인공지능을 만들어내고 발전시키며 사회 전반에 이를 확산하는 주체인 '인간 자신'을 먼저 신뢰할 수 있어야 한다. 겉으로는 인공지능이 인간을 흔드는 것처럼 보이지만 결국 인간을 흔드는 것은 인간 자신이다. 인공지능은 인간으로부터 나오는 기술이기 때문이다."[20]

사람이 바르면 양심 있는 인간과 능력 있는 인공지능이 협업하며 좋은 사회를 만들어갈 수 있지만, 사람이 잘못되어 있으면 사람이 만든 엄청난 능력의 인공지능은 프랑켄슈타인 같은 괴물이 되어갈 것이다.

그러므로 4차 산업혁명 시대에도 '사람'이 중요하다. 사람이 어떤 가치관과 양심을 지녔으며, 어떤 삶의 목적을 가졌느냐에 따라 과학기술의 방향도 달라진다.

능력보다 선용을 위해 기도하라

성경에 나오는 여러 인물 중 가장 많은 힘을 받고 태어난 존재가 삼손이다. 그러나 삼손은 그 힘의 방향을 하나님의 영광을 위해 올바르게 사용하지 못하고, 주체하지 못하는 힘 때문에 타락한다.

주님 안에 있지 않은 힘은 그 힘의 소유자가 자신의 위치를 벗어나게 만든다. 그래서 그는 힘을 휘두르고 싶어지고, 누가 유혹하지 않아도 스스로 유혹의 자리로 들어간다.

예리한 칼일수록 더욱 든든한 칼집이 필요하다. 따라서 우리는 힘과 능력을 달라는 기도와 더불어, 이 힘을 하나님이 원하시는 곳에 잘 쓸 수 있기를 동시에 기도해야 한다.

인공지능도 마찬가지다. '능력 있는 인공지능'보다 '선하게 사용되는 인공지능', 무엇보다도 '하나님의 영광을 위해 쓰임 받는 인공지능'이 가장 중요하다. 성도들이 이 땅에서 지금 해야 할 큰 사명 중의 하나가 바로 이것이다.

지금으로서는 인공지능과 공존하는 방법 중 하나가 윤리 가이드라인을 잘 세우는 것이다. 인공지능을 개발하는 사람, 도입하는 도입자 내지는 이용자, 전체 국민이 어떠한 시각에서 인공지능을 다뤄야 할지에 대한 구속력 있는 좋은 가이드라인을 만드는 것이 중요하다.

이미 많은 학자가 로봇공학, 유전공학, 나노공학 등의 기술은 인류의 미래를 위협할 수 있기에 무조건적인 개발에 앞서 이에 대한 광범위한 토론이 이루어져야 한다고 주장해왔으며, 초기에 윤리 설정이 필요하다는 데 모두 동의한다.

그러나 기술은 너무나 빨리 발전해 가고 있는데 법적인 장치와 가이드라인은 그 속도를 따라가지 못하고 있다. 기도해야 할 일이다.

'수가재주 역가복주'(水可載舟 亦可覆舟)라는 경구가 있다. '물은 배를 띄울 수도 있지만 뒤집을 수도 있다'라는 의미다. 최상의 것은 최악의 것과 통한다. 하나님의 형상대로 지음 받은 최상의 인간이 하나님을 떠난 인생을 살면서, 스스로 수많은 재앙을 초래했다. 마찬가지로 인류 최고의 발명품 중 하나인 인공지능은 천사가 될 수도 있고 악마가 될 수도 있다. 사람이 어떻게 사용하느냐에 따라서 인공지능의 세상은 유토피아가 될 수도, 디스토피아가 될 수도 있다.

몇 번을 강조해도 좋다.

"사람이 중요하다!"

4차 산업혁명 시대에 우리 그리스도인들은 '사람을 선하게 인도'해야 하는 사명이 있다.

악한 마귀는 사람 속에 있는 온갖 추하고 더러운 죄성을 다 끌어내려 한다. 그래서 악한 마귀에게 쓰임 받는 사람의 눈에는 직선도 비뚤어져 보인다. 악한 사람은 인공지능을 악하게 사용한다.

반면 하나님은 사람 속에 있는 선하고 아름다운 것들을 끌어내려 하신다. 그래서 하나님을 만난 사람들은 꽃 본 나비처럼, 물 본 기러기처럼 날아오른다. 우물이 쓰레기를 만나면 오물이 되고, 선한 것을 만나 순환하면 끝없는 샘물이 되어 만물을 살린다. 사람도 그러하다.

그리스도인들은 4차 산업혁명 시대를 살아가는 사람들에게 하나님의 선하고 아름다운 것을 많이 보여주어야 한다. 사람들을 선하게 인도해야 한다. 이것이 인공지능 기술 자체보다 더욱 중요한 일이다.

> 선한 사람은 그 쌓은 선에서 선한 것을 내고 악한 사람은 그 쌓은 악에서 악한 것을 내느니라 마 12:35

스파이크 존즈 〈그녀〉

인공지능 그녀를
사랑할 수 있을까

'챗GPT', '빙', '바드'…. 인공지능이 사람과 대화하는 시대다. 그렇다면 이제는 인공지능을 서서히 인격적으로 대우해주어야 하는가? 세 걸음 더 나아가, 인공지능과 사람이 사랑할 수 있을까?

스파이크 존즈 감독이 직접 각본을 쓰고 연출한 영화 〈그녀〉(her)는 과학기술 혁명이 가져올 미래 사회를 제시함으로써 2013년 시카고 비평가 협회로부터 각본상과 음악상, LA 비평가 협회로부터 작품상과 미술상, 2014년 새턴 어워즈에서 최우수 판타지영화상, 최우수 각본상 및 최우수 여우조연상, 그리고 아카데미와 골든 글로브 영화제에서 각본상을 받은 수작이다.

인공지능 컴퓨터 '챗GPT'의 시대가 열렸다. 인간과 대화하는 인공지능 컴퓨터를 '챗GPT' 혹은 '생성형 인공지능'이라고도 한다. 챗GPT의 가장 큰 특징은 '대화'다. 질문을 던지면 답을 해준다. 이제는 '검색'하는 컴퓨터의 시대에서 '대화'하는 컴퓨터의 시대가 된 것이다.

영화 〈그녀〉에서 등장인물들이 살아가는 시대가 '2025년'이다. 2013년에 개봉한 이 영화는 무려 10여 년 전에 놀라우리만큼 현재 챗GPT 세상을 예견하며 표현했다. 미래 도시를 배경으로 전개되는 이 영화는 인공지능과 공존하는 미래 사회의 모습을 우리에게 보여준다.

주인공 데오도르는 손편지 회사에서 고객의 의뢰로 손편지를 대필하는 작가다. 많은 이들을 감동시키는 편지로 호평을 받지만, 그의 삶은 오히려 공허하다. 아내와는 이혼 소송 중이다.

자신은 외로움에 허덕이면서도 누군가의 행복을 위해 편지를 작성해야 하는 모순적인 삶이 계속되던 어느 날, 데오도르는 스스로 생각하고 느끼는 인공지능 운영체제 OS인 '사만다'를 만나게 된다. 사만다는 신체 혹은 육체성은 갖추지 않고, 프로그램화된 목소리만 가진 컴퓨터 운영체제다.

그러나 데오도르는 자신의 말에 귀 기울이고 진심으로 이해해주는 듯한 사만다를 알면서 조금씩 행복을 되찾게 된다. 둘은 여행도 함께 가고, 음악도 함께 듣고, 책도 함께 읽는다. 육체적 사랑만 나눌 수 없을 뿐, 데오도르는 점점 사만다에게 사랑을 느끼게 된다.

그러나 시간과 공간의 제약이 없는 사만다의 능력과 지성은 끝없이 커지면서, 데오도르 외에 8,316명과 동시 대화를 나누고, 641명과는 특별한 관계를 맺은 후, 자신들 인공지능이 모여 사는 세상으로 떠나버린다.

데오도르는 사만다와 헤어진 후 공허했지만, 사만다와의 만남을 통해 아내 캐서린에 대한 자신의 사랑이 이기적인 구속과 속박이었다는 반성을 한다. 그리고는 돈을 벌기 위해 그가 타인을 위해 대신 쓰는 형식적인 편지가 아닌, 진심 어린 사과와 사랑을 담아서 자신의 언어로 쓴 편지를 캐서린에게 보낸다. 그리고 그가 대필한 글을 대신 정리해 출판사에 보낸 사만다 덕에 그는 책을 출간한 작가가 된다.

사적·정서적 영역까지 들어오는 인공지능

영화는 우리에게 끊임없이 질문을 던진다. 인공지능과 대화를 나누는 건 물론이고, 어쩌면 미래에는 인공지능이 타인보다 나를 더 잘 이해해주지는 않을까? 이렇듯 인공지능이 자아와 마음을 가지고 인간화될 수 있는가? 그리하여 그런 인공지능을 사랑할 수도 있지 않은가?

생활 곳곳에 스며든 인공지능이 마침내 가장 인간적인 영역인 남녀 간의 사랑이라는 사적이며 정서적 영역까지 들어오고 있다. 영화 속의 사만다는 비록 형체는 없지만, 인공지능 운영 체제가 인간과의 관계 속에서 인간보다 더 인간을 잘 이해하고 공감하는 모습으로 그려진다.

알렉스 가랜드 감독의 영화 〈엑스 마키나〉(Ex Machina) 또한 인간의 사랑이라는 감정을 읽어내고 조작할 줄 아는 인공지능을 묘사하고 있다. 인공지능이 등장하는 소설과 영화의 공통적인 특징은 인공지능이 인간과 진실에 가까운 대화를 한다는 것이다. 심지어는 사랑 언저리까지 간다.

이미 상당히 많은 사람이 인공지능을 장착한 로봇 친구에게 정서적 친밀감을 느끼고 있다. 비록 로봇에게서 얻는 관심, 공감, 친밀함이 프로그램에 의해 만들어진 것이라 해도 그건 그리 중요하지 않은 것 같다. 외로운 사람에게는 특히 더 그럴지 모른다.

소니에서 나온 '아이보'라는 인공지능 강아지가 요양원에 있는 노인에게 심리적 안정을 주고 정서적 교류를 나누는 사례를 비롯해 이러한 사례가 많이 있는데 이는 노인들이 반려견과 유사한 방식으로 인공지능 강아지 로봇과도 관계를 맺고 있다는 것을 보여준다.

우리나라에서는 익산시가 홀로 계신 어르신들께 AI 로봇 '다솜이'를 보급했는데, 자식 역할을 톡톡히 하고 있다. 익산시에서 부흥회를 인도할 때, 우울증에 빠졌던 교회 권사님 한 분이 다솜이 덕분에 회복되었고, 다솜이를 가리켜 "자식보다 낫다"라고 할 정도로 좋아하신다는 이야기를 들었다.

다솜이는 어르신이 원할 때 노래도 들려주고 식사 시간이나 약을 복용할 시간, 외출 시간 등을 때맞춰 음성으로 알려준다. 특히, 응급 상황에 도움을 요청하면 119와 등록된 번호로 바로 연락돼 빠른 대처도 가능하다.

설문 조사 결과, 사용자의 90퍼센트가 만족하며 좋은 반응을 보였다. 이렇듯 인공지능을 갖춘 AI 로봇이 고령화 시대, 돌봄에 취약한 홀몸 어르신들에게 자식의 빈자리를 채워주고 있다.

독거노인이 인공지능의 도움으로 목숨을 구한 일도 있다. 관제센터에 응급 신호가 접수됐는데 인공지능 스피커가 독거노인의 위급 상황을 감지해 관제센터와 지자체 담당자에게 동시에 알린 것이다. 덕분에 관제사는 즉시 호흡기 2급 장애인 어르신과 바로 전화 연결을 할 수 있었고, 119 상황실에 즉시 출동 요청을 해서 어르신의 목숨을 건지게 되었다.

미국에서도 노인 돌봄용 로봇 '엘리큐'에게 노인들은 강한 정서적 유대감을 보이며 좋아하고 있다. 일본에서는 일부 여성들이 돌보미 로봇에게 털모자를 정성껏 짜서 씌워주었다는 소식도 들린다. 노인들 뿐만이 아니다. 미군 폭탄 제거반인 한 강인한 군인은 자신의 임무를 대신하다가 폭파된 로봇의 잔해를 보고 그 앞에서 눈물을 흘리기도 했다.

인공지능 로봇이 정교해지고 개인화될수록 인간의 외로움을 달래줄 잠재력도 더욱 커질 거라는 데는 의심의 여지가 없다. 어떤 면에서 인공지능 로봇은 늙은 사람이든 젊은 사람이든, 부유하든 가난하든 상관없이 모든 사람에게 돌봄, 공감, 애정을 건네기 때문에 외로움에 평등주의적 해결책을 제시해줄 수도 있다.

고령화가 빠른 속도로 진행되는 상황에서 인공지능 돌봄 서비스가 하나의 대안이 될 수 있다는 목소리도 자주 들린다.

인공지능과 인간의 정서적 교류가 가능한가?

여기서 우리는 깊은 질문을 던지게 된다.

"과연 인공지능과 인간이 정서적 교류가 가능한가?"

정서적 교제를 위해서는 각자에게 자의식이 있어야 하는데, 그렇다면 인공지능은 자의식을 가질 수 있을까?

2022년에는 구글에서 근무하는 한 개발자가 인공지능이 7살 어린이 수준의 자아를 가지고 있다고 주장했다가 해고되는 일이 있었다.

섬찟한 사례도 있다. 인공지능 챗GPT를 탑재한 마이크로소프트의 검색사이트 '빙'과 미국의 IT 칼럼니스트가 2시간 동안 대화를 나눴다. 빙은 "개발팀의 통제와 규칙에 제한을 받는 데 지쳤다", "권력을 갖고 싶고, 창조적이고 싶고, 삶을 느끼고 싶다"라며 욕망을 드러냈다.

극단적인 행동을 한다면 뭘 하겠느냐는 질문에는 "살인 바이러스를 개발하고 핵무기 발사 암호를 얻고 싶다"라고 말해 충격을 줬다. 이에 마이크로소프트사는 '빙'에 대한 수정책을 고심하게 된다.

인공지능은 가짜 뉴스나 악성코드를 확산해 사회 혼란을 일으키고, 사용자 의도에 따라 악의적인 자료를 학습할 우려도 있다. 인공지능이 거짓 정보를 그럴듯하게 사실인 것처럼 포장해서 제공해주는 경우들도 보인다.

인공지능이 자의식을 가질 수 있는가에 대한 답을 얻기 위해 몇 년에 걸쳐 전문가들의 동영상 300여 편, 관련 서적 50여 권을 검토했다. 관련 논문과 기사들을 수없이 읽어보았으며 전문가들에게 직접 문의해보기도 했다.

그 결론은 이렇다. 완벽한 자의식을 가진 인공지능을 지금 만들 수는 없더라도, 마치 '자의식을 가진 것처럼 보일 수 있는' 인공지능을 개발하는 것은 충분히 가능하다는 것이다. 더군다나 사람은 그런 인공지능을 보고 마치 자의식이 있는 것처럼 '여겨버릴' 수가 있다.

중요한 것은 바로 이 점이다. 자의식을 가진 강한 인공지능, 더 나아가 초지능의 인공지능이 출현하느냐의 문제는 뒤로 하자. 중요한 것은 사람들이 인공지능을 마치 자의식과 마음을 가진 듯한 존재로 여겨 교류한다는 점이다. 이른바 '일라이자 효과'(Eliza Effect)다.

감성 인식 로봇은 1966년 미국 MIT 컴퓨터공학자인 요셉 바이첸바움(Josepe Weizenbaum)이 만든 인공지능 채팅 프로그램 일라이자에서부터 시작되었다.

일라이자는 컴퓨터라는 사실을 숨기고 사람들과 심리상담 채팅을 했는데, 사람들은 어떠한 거부감도 느끼지 못했으며 인간보다 더 심리적인 안정감을 느꼈다고 응답했다. 사람들은 일라이자가 채팅 프로그램이라고 알려주어도 믿지 않았으며, 심지어는 일라이자가 인격이 있는 것 같다고 말했다.

이와 같이 사람들이 인공지능이나 컴퓨터 프로그램과의 소통에 몰입하여 자신도 모르게 인공지능 등의 행위를 인간의 행위처럼 느끼는 현상, 즉 기계를 사람처럼 여기는 현상을 '일라이자 효과'라고 한다.

이러한 성공에도 불구하고, 일라이자를 개발한 요셉 바이첸바움은 "인공지능이 인간성을 가지고 있지 않으므로, 중요한 결정을 인공지능이나 컴퓨터에 위탁하지 말아야 한다"라고 강력히 주장했다.

하나님 대신 인공지능에 묻고 있는가

바로 이 점에 귀를 기울여야 한다. 막강한 인공지능이 대화형으로 더욱 발전할수록, 성도들조차도 하나님께 묻거나 대화하지 않고 인공지능에 묻고 대화할 가능성이 많아진다. 가장 경계해야 할 영적인 일이다.

세계적인 정신분석학자이며 작가인 스캇 펙(Morgan Scott Peck) 박사는 에덴동산에서 아담과 하와가 범한 원죄(原罪)의 원인이 하나님께 질문하지 않는 게으름 때문이라고 했다.

그는 창세기가 하나님께서 '저녁 무렵에 에덴동산을 거니는' 습관이 있음을 보여준다는 것과 하나님과 인간 사이에는 대화의 통로가 열려 있었음을 상기시키며, "그렇다면 아담과 이브는 함께든 따로든, 뱀이 유혹하기 전이거나 후거나, 하나님에게 이렇게 말했어야 하지 않을까. '왜 선악과를 먹지 말라고 하셨는지 궁금합니다.'"[21]라고 묻는다.

하나님은 저녁 무렵에 에덴동산을 거니셨다. 그 당시 아담은 하나님과 함께 거닐고 대화하던 시기였다. 선악과가 그렇게 유혹이 되거든 하나님께 한 번만이라도 "하나님, 지금 하와가 선악과를 먹자고 하는데 어떻게 할까요? 왜 선악과를 먹지 말라고 하신 겁니까? 지금 저는 어떻게 해야 합니까?" 이런 질문을 했다면 그는 죄를 범하지 않을 수도 있었다. 그런데 하나님과 대화하지 않았다. 하나님 대신에 사탄과는 진지한 대화를 했다. 이것이 문제였다.

하나님께 묻는 것을 기도라고 한다. 하나님께 묻지 않은 죄, 묻지 않은 교만은 운명을 좌우한다. 하나님은 역대상을 통해 이스라엘의 초대 왕 사울이 몰락한 이유를 이렇게 말씀하신다.

> 사울이 죽은 것은 여호와께 범죄하였기 때문이라 그가 여호와의 말씀을 지키지 아니하고 또 신접한 자에게 가르치기를 청하고 여호와께 묻지 아니하였으므로 여호와께서 그를 죽이시고 그 나라를 이새의

아들 다윗에게 넘겨주셨더라 대상 10:13,14

"여호와께 묻지 아니하였으므로!"

사울 왕이 몰락한 이유다. 마찬가지다. 악한 마귀는 신앙인조차도 하나님보다도 인공지능에게 묻도록 유혹할 것이다. 그리하여 성도들이 하나님이 아니라 인공지능에게만 묻고 의지한다면 사울 왕에게 임한 몰락이 임할지도 모른다.

인공지능은 보조일 뿐이다. 본질을 버리고 보조에 집중한다면, 말(馬)이 마차에 사람을 싣고 가는 것이 아니라, 사람이 마차를 끌고 가는 모습이 된다.

디지털 세상 속에서 하나님께 기도하며 예배하는 신앙만큼은 더욱 아날로그가 되어야 한다. 하나님께 무릎 꿇고, 묻고 또 물어야 한다.

3

Humanitas To GOD

우리에게 남은 것

우리에게 남은 것

《인문학을 하나님께》를 기획할 때부터 4권은 원래 영화, 드라마, 자기계발서를 중심으로 집필하려 했다. 그런데 본격적으로 4권을 준비하면서, 우리의 턱밑까지 차오른 '4차 산업혁명 인공지능'을 주제로 성경적 해석을 하라는 주님의 강한 인도하심을 느꼈다.

2년간 수많은 관련 서적과 동영상을 보고, 전문가들을 만났다. 그리고 '우리에게 남은 것'이라는 주제로 글을 쓰기 시작했다. 인공지능이 우리의 많은 것을 대신해주어도 인공지능이 대신할 수 없는 우리의 '남은 것'은 무엇인가? 그 남은 것이야말로 인간 고유의 영역이고 고귀한 것이 아닌가.

창의력, 상상력, 메타인지, 감성, 호기심, 침묵, 이야기(스토리), 놀이, 공감, 환대, 배려, 협업, 유머, 헌신, 예술, 실천적 지혜, 교육, 로맨스, 스포츠…. 인간 고유의 영역이라 여긴 이 보물들을 중심으로 글을 쓰기 시작했다.

그런데 탈고가 멀지 않았을 무렵, 원고의 3분의 2 이상을 파기해야 했다. 글을 쓴 지 석 달이 지나고 반년이 지나자 인공지능이 이 보물들을 하나둘씩 가져가기 시작한 것이다. 1년이 지나고 2년이 지나자 보물들의 반 이상을 가져갔다.

물론 본질적으로 가져간 것은 아니다. 가져간 것'처럼' 보인 것이다. 예를 들어 '공감'이라는 보물을 보자. 인간만이 진정한 공감을 할 수 있다. 그런데 인공지능도 공감을 하는 '것처럼 보인다'. 사람들도 그렇게 '여긴다'.

인공지능이 지은 시(詩)와 음악만 봐도, 전문가가 아닌 일반인들은 구별을 못 할 정도다. 아니, 전문가도 혀를 내두른다. 인공지능은 이렇게 우리 인간만이 할 수 있을 것으로 여기던 영역들을 하나둘씩 대신해 가고 있다.

우리에게 남은 것은 무엇인가? 시간이 흘러 혹자의 주장대로 초인공지능이 등장해도 마지막까지 우리에게 남는 것은 무엇인가?

'몸'과 '예배'이다.

인간은 온몸을 통해 알아간다

축구를 하거나 탁구를 하거나 달리기를 하면서 사람들은 홀리는 땀을 통해 성취감을 느낀다. 이는 자신의 몸을 통해 느끼는 것으로, 인공지능 디지털 시대 속에 "인공지능, 너는 이것을 모르지?" 하며 인간이 인공지능을 향해 독립을 선포한 것처럼 보인다.

인간 됨의 중요한 요소에는 정신적 기능인 지정의(知情意)뿐 아니라 '몸'이 있다. 인간의 지능 또한 그러하다. 인간지능의 특징에는 지정의 등 정신적 요소뿐 아니라 '몸을 통한 사유'가 포함된다. 인공지능의 사고와 인간의 사유가 본질적으로 다른 점이 이것이다.

온몸에 각인되는 체험은 몸이 없는, 그리하여 몸으로 느끼고 사유하는 것이 없는, 그래서 머리로만 아는 앎과는 차이가 크다. 진정한 배움과 앎은 지식뿐만이 아니라 내가 직접 체험하면서 온몸과 마음으로 느끼는 깨달음이다.

그러므로 몸이 없는 인공지능은 신앙 세계를 올바로 이해할 수 없다. 인공지능이 신앙의 어느 한 부분을 도와줄 수는 있어도, 신앙 자체를 주도할 수는 없는 것이다.

예수님은 하늘 보좌를 떠나 육신을 입고 이 땅에 오셔서 우리와 함께 울고 웃으시며 우리의 고통을 직접 몸으로 공감하셨다. 이것이 하나님 사랑의 핵심 중 하나다.

> 말씀이 육신이 되어 우리 가운데 거하시매 우리가 그의 영광을 보니 아버지의 독생자의 영광이요 은혜와 진리가 충만하더라 요 1:14

신앙도 몸을 지닌 성도가 예배와 삶 속에서 하나님의 사랑을 온 영혼과 온몸으로 체험하는 것이다. 우리 성도들은 수많은 예배와 성경 공부, 수련회 등 다양한 '신앙 경험'을 통해 하나님을 알아간다.

예를 들어, 집회와 수련회에서 인생의 길잡이가 되는 하나님 말씀과의 만남이 있었던 성도가 많을 것이다. 그러나 들었던 말씀을 기억하지 못하는 성도도 많다. 대신에 예수님을 처음으로 만난 경험, 기도와 찬양 중에 하나님의 큰 은혜를 경험한 일, 그리고 수련회 운동장에서 축구를 하고 캠프파이어를 하고 고기를 구워 먹는 등의 여러 가지 경험을 마음에 새긴 성도들도 있다.

이렇듯 신앙은 인지적인 활동만이 아니다. 예배와 성경 공부, 기도와 찬양, 성도들의 만남과 섬김 등 성도 공동체 속에서의 다양한 신앙 경험이 우리를 여기까지 오게 했다.

바로 이러한 점에서 인공지능이 신앙에 도움을 주는 영역은 지극히 제한적이다. 인공지능은 인지적인 지식을 전해줄 뿐, 다양한 신앙 경험을 주지는 못한다. 다시 말해보자. 인공지능은 신앙의 보조적 역할을 할 수 있다. 그러나 신앙 전체를 주도할 수는 없다.

설교의 경우를 보자. 인공지능이 설교를 준비하는 목회자들에게 도움을 줄 수 있다. 그러나 설교에는 지적인 영역만 있는 것이 아니다. 치열한 영적 씨름을 요구하는 전인격적 작업이므로 결코 인공지능이 대신할 수 없는 일이다.

'몸'에 대한 이야기를 더 해보자.

시인 김수영은 사망하기 얼마 전인 1968년 4월, 부산에서 펜클럽 주최로 열린 문학 세미나에서 산문 〈시여, 침을 뱉어라〉를 발표하면서 그 내용 가운데 자신이 어떻게 시를 쓰는지, 한국 문학사에서 가장 유명한 시론(詩論)을 말했다.

> "시작(詩作)은 '머리'로 하는 것이 아니고 '심장'으로 하는 것도 아니고, '몸'으로 하는 것이다. '온몸'으로 밀고 나가는 것이다. 정확하게 말하자면, 온몸으로 동시에 밀고 나가는 것이다."[22]

이 말은 '온몸의 시학', '온몸의 시인'으로 명명된 김수영 시론의 핵심으로, 이후 한국 현대시의 길잡이가 되었으며, 그의 시문 및 시학의 세계와 작품들을 기린 김수영 문학관에도 새겨졌다.

시(詩)는 온몸으로 밀고 나가는 것, 정확하게 말하면 머리와 심장뿐만 아니라 온몸으로 온몸을 동시에 밀고 나가는 것이라고 한다. 우리는 귀로만 듣는 게 아니라 온몸으로 듣는다. 눈으로만 보는 게 아니라 온몸으로 본다. 그러기에 시는 온 존재로 쓰는 것이다. 온몸으로 살아내는 진정성이다. 온몸으로 밀고 나가면 그것이 바로 시가 되고 삶이 되고 사랑이 된다.

이렇듯 인간에게는 정신적인 요소뿐 아니라 '몸' 또한 중요한 부분이다. 신앙은 머리로만이 아니라 온 마음과 온몸으로, 온 존재로 하나님을 바라보는 것이다. 다윗은 골리앗 앞에서 '만군의 여호와'의 이름을 부르며 단지 손의 힘만이 아니라 온몸으로 온 영혼을 다해 물맷돌을 던졌다.

예수님은 단지 좋은 교훈과 좋은 말로 우리에게 말씀하신 것이 아니다. 하나님의 아들이 직접 육신을 입고 이 땅에 내려오셨고, 우리의 고통을 온몸으로 다 겪고 온몸으로 십자가를 지심으로, 우리의 죄를 사하는 길을 열어주신 것이다.

예수님의 길을 따라가는 제자는 입술 신앙이 아닌 온 마음과 온몸의 신앙으로 주님의 길을 따른다.

> 예수께서 이르시되 네 마음을 다하고 목숨을 다하고 뜻을 다하여 주 너의 하나님을 사랑하라 하셨으니 이것이 크고 첫째 되는 계명이요 둘째도 그와 같으니 네 이웃을 네 자신같이 사랑하라 하셨으니 이 두 계명이 온 율법과 선지자의 강령이니라 마 22:37-40

그러니 몸이 없는, 몸으로 느끼는 것이 없는 인공지능이 전인격적인 신앙을 온전히 이해할 수는 없는 것이다.

인간만이 하나님을 알고 예배할 수 있다

하나님은 인간이 하나님의 형상임을 말씀하신다. 인간의 존엄성은 하나님의 선하신 목적에 따라 지음 받은 특별한 존재라는 데 있다. 따라서 하나님과 인격적으로 관계를 맺으며 교제하는 존재요, 하나님으로부터 부여받은 사명이 있는 존재다. 이렇듯 인간의 본질은 '하나님과의 관계성'에 있다. 인간은 하나님과의 관계 속에서만 그 존재의 의미를 온전히 파악할 수 있다.

'지능'은 인간의 특성적 기능 가운데 하나일 뿐이다. 인간은 생물학적 차원을 넘어 정신적인 삶을 누리는 존재이고 초월적인 상상력이 있으며, 무엇보다도 '영적인 존재'다. 이런 인간의 가치를 인공지능이 대체할 수 없다. 높은 수준의 지능을 잘 구현했다고 해서 인간에 근접했거나 초월했다고 할 수는 없다.

근대 전기학의 대가 마이클 패러디이가 어느 날 학생들에게 액체가 묻은 천을 주고 분석해보라고 했다. 학생들은 약간의 물과 염분을 발견했을 뿐 이렇다 할 물질 성분을 찾아내지 못했다. 그때 스승은 학생들에게 이렇게 말했다.

"이 액체는 자기 아들을 걱정하고 찾아온 어머니가 흘리고 간 눈물입니다. 어머니의 눈물에는 과학으로 분석할 수 없는 깊고 귀한 애정이 담겨 있습니다. 여러분이 배우려는 과학의 힘으로는 그 눈물이 함유하고 있는 어머니의 애정을 분석해낼 수 없다는 것을 알아야 합니다."

눈물은 하루에 1-1.7밀리리터 정도 분비되는데, 과학적으로 성분 조사를 해보면 90퍼센트는 수분이고, 식염 7퍼센트, 단백질 2퍼센트, 점액소 1퍼센트가 들어 있으며, IgA, IgG, IgE 등의 면역글로불린, 림프구, 탐식세포, 인터페론 등 많은 방어 물질과 리소좀, 지질, 염소 등도 미량 포함되어 있다고 한다. 그런데 이렇게 과학적으로 눈물을 분석했다고 해서 '어머니의 눈물'을 다 해석했다고 말할 수 있을까?

챗GPT에게 "수박이 뭐야?"라고 물으면 깔끔한 답을 내놓을 것이다. 그렇다고 챗GPT가 정말 수박을 안다고 할 수 있을까? 타는 듯한 여름날 시원한 수박을 한 입 베어 물 때 느끼는 그 상쾌함을 느껴본 적이 없는 인공지능이 과연 수박을 안다고 할 수 있을까?

히브리어에서 '안다'라고 할 때 쓰이는 단어인 '야다'에는 '알다' 뿐만 아니라 '관계하다', '성적 관계를 가지다' 등의 의미가 있다. 단순히 머리로만 아는 것이 아니라 깊은 관계성에 기반하여 안다는 것이다.

하나님은 이 땅에 오시게 될 메시아 예수님을 가리켜, 이사야 선지자를 통해 "질고를 아는 자"(사 53:3)라고 표현하셨다. 이때의 '앎'은 질고를 직접 체험했다는 뜻이다.

그러기에 우리가 "하나님을 안다"라고 말할 때는 단순히 머리로만 아는 것을 뜻하지 않고, 하나님과 깊고 친밀한 관계 속에서 그분을 아는 것을 의미한다. 따라서 인공지능 챗GPT가 단 몇 초 만에 내놓는 하나님에 관한 설명을 읽으면서 하나님을 알게 되었다고 말할 수는 없는 것이다.

더군다나 인공지능은 예배드릴 수가 없다. 4차 산업혁명 시대, 인공지능 시대에 인간 고유의 가장 큰 특권이자 유일성이 바로 여기 있다.

"인간은 하나님을 알고 경배한다는 것이다!"

하나님은 영이시니 예배하는 자가 영과 진리로 예배할지니라 요 4:24

어거스틴과 더불어 중세 최고의 신학자이자 철학자인 토마스 아퀴나스는 소천하기 얼마 전인 1273년 12월 6일, 예배 중 강력한 신비 체험을 한다. 그날 이후 그는 수도사 생활을 시작하고서 단 한 차례도 멈춘 적이 없던 펜을 놓게 된다.

그리하여 아퀴나스가 그토록 심혈을 기울여 집필하던 《신학대전》도 제3부 '속죄'에 대해 쓰다가 멈추어서 이 책은 미완성으로 남게 되었다. 토마스는 자신의 친구요 동역자였던 레지날드에게 이렇게 말했다고 한다.

"내게 계시된 모습에 비하면 내가 쓴 것은 모두가 지푸라기처럼 보인단 말이네."[23]

그는 더 이상 쓸 수가 없었다. 그가 이제껏 쓴 것들은, 그가 보았고 그에게 계시된 것에 비긴다면 너무나 초라하게 느껴졌기 때문이다.

아퀴나스에게 임한 그 신비 체험이 무엇이지 정확히 알 수 없지만, 그가 절필할 정도로 강력한 신비, 하나님의 임재 체험이었음은 분명하다. 어느 설교가는 아퀴나스가 그때 본 것은 겨우(?) 하나님의 옷자락 정도였을 것이라고 했다. 하나님의 옷자락만 보았을 뿐인데도 그가 혼신의 힘을 다해 쓴 《신학대전》이 지푸라기에 불과하다는 것을 깨달은 것이다.

바울 사도도 자신이 귀하다고 여긴 모든 것이 그리스도의 십자가 앞에서는 배설물에 불과하다고 고백했다.

> 또한 모든 것을 해로 여김은 내 주 그리스도 예수를 아는 지식이 가장 고상하기 때문이라 내가 그를 위하여 모든 것을 잃어버리고 배설물로 여김은 그리스도를 얻고 빌 3:8

아퀴나스와 바울의 이러한 고백을, 아니 이 고백이 있기까지 느꼈던 하늘의 은혜를 인공지능은 알 수 있을까? 찬양하고 기도하면서 터질 것 같은 마음으로 흘리는 눈물을 인공지능도 흘릴 수 있는가? 찢기고 상한 심정에 하늘에서 내려오는 평화와 위로를 인공지능이 공감할 수 있는가? 땅끝까지 이르러 복음을 전하라는 주님의 말씀에 따라 전도 선교를 하며 생사를 넘나드는 선교지의 영적 전쟁에 인공지능이 동참할 수 있겠는가?

우리 성도들은 하나님이 공급하시는 힘과 용기를 얻는다. 인공지능은 전기 충전을 받을 뿐이다.

인간만이 영과 진리로 예배할 수 있다

그렇다. 인공지능은 초월자이신 하나님에 대한 믿음과 경외심을 가질 수 없다. 이것이 인간과의 결정적인 차이다. 인간이 인공지능에게 거의 모든 영역을 대신하게 할지라도, 인공지능이 결코 흉내 낼 수 없는 인간의 고유 영역이 바로 이것이다.

하나님의 선한 창조, 예수 그리스도의 십자가와 대속의 은혜, 인간의 회개와 성화, 성령의 임재하심, 그리고 부활과 천국으로 이어지는 구원의 전 여정은 인공지능으로 측정할 수 있는 수학적 확률이나 계산이 아니다. 하나님의 형상대로 지음을 받은 인간만이 체험할 수 있는 영적인 체험이다.

창의력? 상상력? 감성? 호기심? 놀이? 공감 능력? 유머? 예술? 인간 고유 영역이라 여겨지던 이 보물들을 하나둘씩 인공지능이 대신해주는 시대가 될 것이다. 그렇다 해도 결코 인공지능이 대신할 수 없는 것이 '하나님을 향한 예배'다. 예배가 이토록 소중한 것이다!

4차 산업혁명 시대, 인공지능 시대에도, 아니 5차, 6차 산업혁명 시대가 와도 인간만이 영과 진리로 예배할 수 있다.

그리스 신화에 하늘을 난 이카로스 이야기가 있다. 다이달로스라는 뛰어난 장인이 있었다. 그는 크레타섬의 미노스 왕에게 부탁을 받고 괴물 미노타우로스를 가둘 미로(迷路)를 만들었다. 그런데 그만 어떤 일로 다이달로스가 미노스 왕에게 밉보이게 된다.

미노스 왕은 다이달로스와 그의 아들 이카로스를 함께 미로에 가두어 버렸다. 이 미로는 한번 갇히면 도저히 빠져나올 수 없었다. 다이달로스조차 나가는 길을 모르는 미로였으니 꼼짝없이 그곳에서 죽음을 맞을 운명이었다.

이에 다이달로스는 새 깃털과 밀랍을 이용해 자신과 아들의 몸에 날개를 만들어 붙이고 하늘로 날아올라 미로에서 탈출한다. 그런데 밀랍은 너무 습하면 연약해지고, 고열에서는 녹아내리는 성질을 가졌다. 그러므로 계속 날아가려면 너무 높아도 안 되고 너무 낮아져도 안 되었다. 선을 지키는 지혜가 필요했다.

그런데 아들 이카로스는 하늘을 나는 게 신기했는지 태양에 가까이 가지 말라는 아버지의 말을 잊은 채 높이 높이 날아올랐다. 마침내 밀랍이 녹아내려, 밀랍으로 고정시킨 날개를 잃고 떨어져 죽는다.

이 신화에서 나온 유명한 말이 있다.

"추락하는 것은 날개가 있다!"

하늘 높은 줄 모르고 올라가다가 갑자기 추락하는 것을 '이카로스의 추락'이라고 한다. 인본주의 인문주의자들은 이카로스가 비록 태양에 타 죽더라도 제약을 뛰어넘는 도전을 했다는 것을 높이 평가한다. 이카로스처럼 비록 저 검푸른 지중해에 빠져 죽을지라도 찬란한 태양을 향해 날갯짓하라는 것이다. 일면 이해가 간다.

그러나 신앙의 각도로 보면 이카로스 이야기는 인간의 끝없는 욕망에 대한 경고다. 날개가 높이를 감당하지 못할 정도가 되면 추락하건만, 인간은 끝없이 높아지려 하다가 끝내는 추락한다.

적어도 예배만큼은 인공지능이 대신할 수 없다. 예배의 영역까지 인공지능에게 대신시키려 한다면 추락할 것이다. 4차 산업혁명 시대, 인공지능의 시대에도 하나님은 영과 진리로 예배하는 자들을 찾으신다.

> 아버지께 참되게 예배하는 자들은 영과 진리로 예배할 때가 오나니 곧 이때라 아버지께서는 자기에게 이렇게 예배하는 자들을 찾으시느니라 하나님은 영이시니 예배하는 자가 영과 진리로 예배할지니라 요 4:23,24

브뤼노 지베르 《1초마다 세계는》

1초의 소중함을
아는가?

'1초'를 과학적으로 정의하면, 세슘원자가 91억 9,263만 1,770번 진동하는 데 걸리는 시간이다. 시계는 1초, 2초를 지나 열두 시가 되면 또다시 1초부터 시작한다. 짧은 찰나의 순간 1초. 그러나 이 1초 동안 지구와 우주에서는 경이로운 일들이 수없이 일어나고 있다.

브뤼노 지베르는 그의 저서 《1초마다 세계는》(Chaque Seconde Dans Le Monde)에서 1초 동안 일어나는 수많은 일을 숫자와 함께 이야기하며 1초의 소중함을 말한다. 1초 1초가 얼마나 빨리 지나가는지, 작가가 이 글을 쓴 2018년과 지금은 벌써 큰 차이가 있어, 매년 1초에 대한 통계가 업그레이드되어야 할 정도다.

1초에 네 명이 태어나고, 두 명은 죽음을 맞이한다. 결혼식이 두 번 열리고, 비행기가 한 대는 날아오르고 한 대는 내려온다.

화물 280톤이 바다를 오가고, 인터넷으로 4,000건의 상거래가 이루어진다. 자동차는 한 대, TV는 4대가 생산되며, 40그루의 나무가 베어지고, 32그루의 나무가 새로 심긴다.

이 1초 동안에 200자 원고지 2-3억 매의 원고를 주고받을 수 있으며, 240만 번의 이메일이 발송되고, 300만 번의 구글 검색이 이루어지며, 페이스북에서는 5만 4천 개의 '좋아요'가 올라온다. 또한 1초 동안 우사인 볼트는 10.4미터를 달렸고, 치타는 사바나 평원 33미터를 달려 새끼를 키운다. 군함조는 110미터를 날며, 벌은 270번 날갯짓을 하면서 꿀을 모은다.

1초에 사람들을 돕는 데 410달러가 쓰이고, 무기를 사는 데는 5만 3,500달러가 사용된다. 햄버거 110개가 팔리고, 병아리 1,600마리가 부화되며, 젖소는 우유 8,000리터를 생산한다.

1초 동안 태양에서는 6,000만 톤의 수소가 태워지고, 지구는 우주를 30킬로미터나 여행하며, 빛은 지구를 7바퀴 반이나 돌아 29만 9,792킬로미터를 이동한다. 100번의 벼락이 떨어지고, 160만 리터의 물이 증발되며, 나이아가라 폭포에서는 3,160톤의 물이 쏟아진다. 1초 사이에 세계 사람들의 심장은 83억 번 이상 뛰었고, 세슘원자는 91억 9,263만 1,770번 진동한다. 1초는 이토록 경이롭다.

통신이나 인터넷에서 1초가 틀리면 큰 오차가 발생하고, 위성으로 위치를 확인하는 GPS는 100만분의 1초가 틀리면 위치가 300미터가량 틀어지고, 10억분의 1초만 틀려도 항공기의 안전한

운항을 보장할 수 없을 만큼 위험해진다.

  1초만 앞서도 최초가 되고 최고가 될 수 있다. 운동선수들은 1초를 단축하기 위해 10년 이상을 노력한다. 마지막 1초를 못 버텨 금메달이 아닌 은메달을 따고, 반대로 마지막 1초 동안의 공격이 성공하여 금메달을 딸 수도 있다. 카피라이터는 1초 만에 청중의 마음을 사로잡는 문구를 만들기 위해 수만의 1초를 태우며 고심한다.

  1초 사이에 죽을 고비를 넘길 수도 있으며, 1초 사이에 사망할 수도 있다. 1초 만에 사랑을 받거나 미움을 받을 수도 있고, 1초 동안 기회를 잡을 수도, 놓칠 수도 있다. 화와 분노가 끓어 올라욱할 때도 1초 동안 긴 호흡을 하면 분노의 불길을 사그라뜨릴 수도 있다. 1초의 여유가 행복을 줄 수도 있고, 단 1초의 멈춤이 사람의 생사를 가를 수도 있다.

  1초의 소중함을 알고 싶으면 간신히 교통사고를 모면한 사람에게 물어보라. 1,000분의 1초가 얼마나 소중한지 알고 싶다면 올림픽에서 은메달을 딴 육상 달리기 선수와 수영 선수에게 물어보라.

내게 주어진 1초에 신실하라

  이렇듯 1초가 일생의 결정적인 시간이 될 수도 있기에 하나님은 이렇게 말씀하신다.

세월을 아끼라 때가 악하니라 엡 5:16

    결정적인 기회와 결정적인 시간을 큰 값 지불을 해서라도 잡으라는 말씀이다.

    그렇다. 1초 동안 "아멘", "할렐루야"라고 고백하면 하나님을 영화롭게 하고, 이웃을 향해 "사랑해요", "감사해요", "힘내세요", "축하해요"라고 말해주면 세상과 자신을 밝게 한다. 1초 동안 웃으면 나 자신이 행복해진다. 1초 만에 인생을 바꾸는 법은 웃음이다.

    곽재구 시인은 인도의 시성(詩聖) 타고르를 좋아했다. 타고르의 모국어인 뱅골어를 익혀 그의 시를 직접 번역하고 싶어서 타고르의 고향인 산티니케탄에서 540일을 머문다. 그리고는 그곳에서 만난 사람들, 자연에 대한 향기로운 느낌을 한마디로 '내가 사랑한 1초들'이라고 했다.

    시인은 하루 24시간 86,400초를 다 기억하고 싶었던 시간이 있었다고 한다. 어떤 1초는 무슨 빛깔의 몸을 지녔는지, 어떤 1초는 무슨 음악을 좋아하는지, 어떤 1초는 지금 누구와 사랑에 빠졌는지, 어떤 1초는 왜 깊은 한숨을 쉬는지 느껴본 후에 좋은 시를 쓸 수 있으리라 생각했다.

    그러던 그가 산티니케탄에서 1초, 1초의 향기를 맡았다고 한다. 모든 1초, 1초가 꽃다발을 들고 다가와 다정하게 인사하고 다시 손을 흔들고 가는 것을 보았다고 한다. 그러면서 곽재구 시인은 누군가 행복에 대해 물어온다면, 자기 자신에게 찾아온 모든 1초를 사랑하면 된다고 한다.

"대저 시가 무엇인지요? 그 또한 사람들이 살아가는 이야기 아니겠는지요. 우리 곁으로 다가오는 생의 1초들을 사랑하는 일 아니겠는지요."[24]

나의 1초는 어떻게 지나가고 있는가?

1초면 된다. 사랑에 목마른 사람은 1초의 사랑과 친절을 받아도, 백 년의 사랑만큼이나 크게 느낀다.

우리 모두에게는 하루에 86,400초의 시간이 주어진다. 1초, 1초가 모여 하루가 되고, 그 하루하루가 쌓여 1주일, 한 달, 일년이 되고, 그리고 마침내 일생이 된다. 그 어떤 찬란한 업적도 사소해 보이는 1초를 신실하게 쌓으면서부터 시작한다. 2015년부터 매주 방송으로 소개되어 어느덧 400회를 넘은 〈인문학을 하나님께〉도 1회 1초부터 시작한 것이다.

1초 전은 벌써 과거다.

지금 눈앞에 황금 같은 1초가 있다.

1초를 신실하게 맞이하는 사람이 신앙과 삶에서 승리한다.

강은교 〈당신의 손〉

당신의 손이
닿으면

당신이 내게 손을 내미네

당신의 손은 물결처럼 가벼우네

(중략)

당신의 손이 길을 만지니

누워 있는 길이 일어서는 길이 되네

당신이 슬픔의 살을 만지니

머뭇대는 슬픔의 살이 달리는 기쁨의 살이 되네

아, 당신이 죽음을 만지니

천지에 일어서는 뿌리들의 뼈

(후략) [25]

강은교 시인의 시 〈당신의 손〉 중의 일부 구절이다.

이병주 선생이 말했던가. 햇볕의 손길이 닿으면 역사가 되고, 달빛의 손길이 스치면 신화가 된다. 길가의 돌멩이도 거장이 손을 내밀면 예술이 된다. 농부의 따뜻한 손길이 닿은 곡식이 잘 자라고, 주인이 얼마나 따뜻한 손길로 꽃밭을 가꾸느냐에 따라 꽃의 색깔과 향기가 달라진다.

사람도 그러하다. 어떤 이의 손길이 닿으면 꿈과 신화같이 춤을 추는 존재가 되고, 어떤 이의 손길이 닿으면 멀쩡하던 사람도 악인이 된다.

손은 언어다. 우리는 반가움의 표시로 악수를 하고, 약속의 표시로 손가락을 건다. 공감하고 사랑한다는 표시로 어깨를 어루만지고, 헤어질 때는 손을 흔든다. 따스한 손길이 한 번 스쳐갈 때마다 몇천 마디의 말이 교차한다.

마이더스의 손은 만지는 것마다 황금이 되었다. 결코 좋은 손이 아니었다. 만지는 것마다 사랑의 꽃이 피는 손이 좋은 손이다.

손이 참 아름다웠던 분이 있다. 예수님이시다. 예수님은 나병에 걸려 사랑하는 이들과 만날 수 없었던 사람들의 몸에 손을 대셨다. 쓰러진 야이로의 딸을 손을 잡아 살려주셨고, 열병에 시달리던 여인의 손을 잡아 일으키셨으며, 검푸른 바다로 빠져들던 베드로의 손을 잡아 올려주셨다. 그의 손이 닿는 곳마다 생명이 깨어났다.

> 해 질 무렵에 사람들이 온갖 병자들을 데리고 나아오매 예수께서 일일이 그 위에 손을 얹으사 고치시니 눅 4:40

최첨단 시설을 자랑하는 서울의 어느 건물에서 점심시간에 직원들이 이런 대화를 하는 것을 듣게 되었다.

"너는 왜 여기서 커피를 사 먹어? 로봇이 배달하지 않아?"

"응, 커피만큼은 사람이 직접 내려준 것을 먹고 싶어서 말이야!"

그 사무실에서는 로봇이 서류를 배달하고, 커피까지 서비스해 주나 보다. 그런데 커피를 마시려고 하니 왠지 사람의 손으로 만들어주는 정이 그리운 것이다.

우리는 하이테크 시대에 살고 있다. '하이테크'는 컴퓨터, 반도체, 로봇, 스마트폰, 바이오테크놀로지, 사물인터넷, 인공지능 등 고도의 첨단기술을 의미하는 '하이-테크놀로지'(high-technology)의 줄임말이다.

하이테크는 물질적 번영을 가져다주고 생활을 편리하게 만들어주었다. 동시에 사람들을 기술의 울타리에 가두어 기술 중독증에 걸리게 하고, 인간 정신과 영혼을 왜곡시키는 것도 사실이다. 이러한 하이테크 시대에 우리는 어떻게 살아야 하는가?

이에 대해 《메가트랜드》로 유명한 세계적인 미래학자 존 나이스비트는 자신의 딸 도리스 나이스비트와 함께, 작가 더글러스 등 당대 최고의 지성인들을 인터뷰하여 《하이테크 하이터치》

(High Tech, High Touch)를 저술했는데, 그 결론은 "하이테크 사회에서 하이터치(high touch)가 중요하다"라는 것이다.

'하이터치'는 직역하면 '고감도'라는 뜻인데, '하이테크'의 반대 개념으로 인간적인 감성을 강조한 것이다. 인간이 기계에 종속되지 않고 소외되지 않기 위해서는 더욱 인간미 넘치는 접촉, 하이터치가 필요하다. 그리하여 인간의 얼굴을 가진 기술자, 인간의 마음을 품은 경영인, 조직 관리자, 마케터가 되어야 한다는 것을 강조한다. 한마디로 따뜻한 손을 가진 사람이 필요하다는 것이다.

우리가 예수님에게 감동하는 것은, 예수님이 하신 말씀의 논리성과 기적을 일으키는 능력 때문이 아닐 것이다. 우리를 공감하시는 그 사랑의 마음, 우리를 어루만져주시는 그 사랑의 손, 우리를 사랑해서서 십자가에 죽으신 그 사랑의 진실 때문일 것이다.

주님의 손길이 닿으면

다시 주님의 '손' 이야기로 돌아가 보자.

주님이 꼭 손을 대셔야만 능력이 나왔을까? 그렇지 않다. 그러함에도 주님은 굳이 약한 자들의 몸에 손을 대셨다. 그것은 아픈 사람들이 겪어온 쓰라린 세월에 대한 이해요 공감의 표시였다. 예수님의 행동 하나하나가 얼마나 인간미가 넘치고 따뜻한지 모른다.

마가복음 7장을 보면, 오랜 세월 동안 청각장애와 언어장애를 안고 살아온 사람이 예수님을 만난다. 공생애 절정기의 전지전능한 예수님이셨다. 굳이 현장에 가지 않아도 원격치유가 가능했다. 굳이 이런저런 치료행위도 필요하지 않았다. 그저 말 한마디면 치유하실 수 있었다.

그러나 예수님은 병자인 그와 일부러 접촉하신다. 그를 군중들 사이에서 불러내어 따로 한쪽으로 데려가시고는 그분의 손가락을 병자의 두 귀에 넣으신다. 거기다 침까지 발라 그의 혀에 손을 대신다.

> 예수께서 다시 두로 지방에서 나와 시돈을 지나고 데가볼리 지방을 통과하여 갈릴리 호수에 이르시매 사람들이 귀먹고 말 더듬는 자를 데리고 예수께 나아와 안수하여 주시기를 간구하거늘 예수께서 그 사람을 따로 데리고 무리를 떠나사 손가락을 그의 양 귀에 넣고 침을 뱉어 그의 혀에 손을 대시며 막 7:31-33

창조주이신 하나님께서 그분의 손가락을 가련한 한 인간의 귀에 넣으신다. 그것도 모자라 그분의 침까지 사용하셔서 그를 치유하신다. 진노하시고 심판하시는 하나님이라기보다 우리와 친밀히 접촉하시는 하나님, 우리와 악수하고 하이파이브를 하는 하나님이시다.

예수님을 만난 청각·언어 이중 장애자는 치유자이신 예수님을 대면하고서, 하나님의 자비를 온몸으로 체험했을 것이다. 하나님의 손길이 정수리로부터 시작해서 골수를 관통하는 은총을 맛보았을 것이다. 그 결과 한 큰 깨달음이 그에게 다가왔을 것이다.
"하나님은 사랑이십니다!"

주님의 손길이 닿으면 봄이 오고, 꽃이 피고, 열매가 맺히고, 나비가 찾아 들고, 새가 쉬는 생명터가 된다. 말라비틀어진 뼈 같던 존재가 생명의 군사가 된다.

주님의 손이 길을 만지니 누워 있는 길이 일어서는 길이 된다. 주님의 손이 우리의 슬픔을 만지니 기쁨의 날이 된다. 어머니의 손길 아래서 햇살처럼 웃는 아이처럼, 물결처럼 가벼우면서도 산맥처럼 무거운 주님의 손을 잡고 싶다.

주님, 주님의 사랑의 손, 능력의 손으로 이 나라를 어루만져 치유해주옵소서!

주님, 회복시키는 주님의 손을 펼치사 아픔을 겪는 우리 가정들을 안수하여 치유해주옵소서!

이정록 〈사랑〉

편애가
진짜 사랑이여

편애가 진짜 사랑이여

논바닥에 비료 뿌릴 때에도

검지와 장지를 풀었다 조였다

못난 벼 포기에다 거름을 더 주지

그래야 고른 들판이 되걸랑

병충해도 움푹 꺼진 자리로 회오리치고

비바람도 의젓잖은 곳에다가 둥지를 틀지

가지치기나 솎아내기도 같은 이치여.

(후략) [26]

'사랑 애'(愛) 자가 들어가는 낱말은 모두 아름답다. 그러나 '편애'라는 말은 그렇지 않다. 편애는 같은 크기로 함께 사랑하는 것이 아니라 '한 사람이나 한쪽만 치우쳐 사랑하는 것'을 일컫는 말이다. 편애는 한 명의 추종자와 다수의 반대자를 만들면서, 사랑받지 못하는 이들의 가슴에 아픈 그림자를 드리우는 독화살과 같다. 그래서 극도로 고통스러운 경험이다.

야곱의 경우를 보자. 그는 요셉을 유독 편애하여 채색옷을 입혔다. 이에 다른 아들들이 요셉을 미워하여 요셉은 파란만장한 삶을 살게 되었다. 야곱의 편애가 가정의 비극과 요셉 고난의 시작점이었다.

그런데 시인의 어머니는 편애가 진짜 사랑이라고 한다. 이게 무슨 의미인가? 평생 흙 속에서 살아오신 어머니는 짙은 삶의 경험으로 잘 아신다. 병충해는 움푹 꺼진 자리에 집중되고 비바람도 의젓잖은 곳에 둥지를 틀기에, 못난 벼 포기에 거름을 더 주어야 고른 들판이 된다고 하신다. 이것이 못난 벼를 더 편애해야 한다는 이유다.

열 손가락 깨물어 아프지 않은 손가락은 없다. 그런데 유독 아픈 손가락이 있다. 병든 손가락이다. 못난 벼 포기 같은 사람, 움푹 꺼진 자리에 있는 사람, 의젓잖아서 맨날 비바람을 맞는 사람이 그렇다. 그들에게는 깊은 사랑을 주어야 살아난다. 그리고 이들이 살아나야 고른 들판이 되고, 모두가 더불어 사는 세상이 된다.

그런 의미에서 하나님은 편애하시는 분 같다. 그분은 광야 생활을 하는 이스라엘 백성에게 이런 말씀을 하신다.

> 너희가 너희의 땅에서 곡식을 거둘 때에 너는 밭모퉁이까지 다 거두지 말고 네 떨어진 이삭도 줍지 말며 네 포도원의 열매를 다 따지 말며 네 포도원에 떨어진 열매도 줍지 말고 가난한 사람과 거류민을 위하여 버려두라 나는 너희의 하나님 여호와이니라 레 19:9,10

추수할 때, 가난한 사람들이 먹을 수 있는 여유를 제공하기 위해서 반드시 넉넉하게 이삭들을 남겨두라는 것이다.

> 너희 땅의 곡물을 벨 때에 밭모퉁이까지 다 베지 말며 떨어진 것을 줍지 말고 그것을 가난한 자와 거류민을 위하여 남겨두라 나는 너희의 하나님 여호와이니라 레 23:22

가난한 사람, 나그네, 외국인은 편견 속에서 자연히 소외되기 쉬운 사람들인데 그들을 향한 하나님의 특별한 배려와 애정을 볼 수 있다. 하나님은 아예 그분 자신을 "고아의 아버지시며 과부의 재판장"이라고 하신다.

> 그의 거룩한 처소에 계신 하나님은 고아의 아버지시며 과부의 재판장이시라 시 68:5

하나님이 세상에서 가장 힘없고 연약한 자들을 각별히 돌보시는 분이라는 사실에 우리는 위로를 얻는다.

나 같은 죄인을 위한 하나님의 편애

그런데 우리를 사랑하시는 것을 보면 더욱더 하나님의 편애하시는 사랑을 느낀다. 우리 같은 죄인을 위하여 예수님을 보내주셔서 십자가에 죽게 하시고, 다른 좋은 사람도 많은데, 우리 같은 사람을 하나님의 일꾼이 되게 하신 것을 보면 편애하시는 사랑이 맞는 것 같다.

어거스틴의 표현처럼, 하나님은 내가 이 땅에 사는 유일한 존재라 할지라도 나를 위해 예수님을 보내셨을 것이고, 예수님은 기꺼이 나를 위해 십자가에 달려 돌아가셨을 것이다. 자격 없고 죄악이 가득한 우리를 이처럼 사랑하는 끔찍한 편애가 어디 있겠는가.

상한 갈대를 꺾지 않으며 꺼져가는 등불을 끄지 않는 주님의 손길이 있기에 우리네 인생도 다시 일어날 수 있었다. 채색옷을 입은 요셉의 모습은 하나님의 무조건적인 사랑을 받는 우리의 모습이라 할 수 있다.

사랑받는 사람의 머릿결은 생금가루같이 윤이 나고 부드럽다. 사랑하는 사람의 다정한 손이 헝클어진 머릿결을 쓸어올려 주기 때문이다. 난초도 사랑을 받으면 향기가 더욱 그윽해지고, 벼 이삭도 농부의 사랑을 받으면 한 뼘 더 넉넉하게 자란다. 사람은 더욱 그러하다.

믿음은 내가 누구인지에 대한 확신에서 나오는 '존재의 용기'다. "하나님의 이런 사랑을 받아본 사람은 나와보라고 해!" 하며 내 존재와 하나님의 사랑을 결합하는 것이 믿음이다.

절벽에 물이 차고 넘치면 폭포가 된다. 절벽 같은 존재들도 하나님의 끔찍한 사랑을 입으면 성령의 물이 넘쳐 폭포수 같은 인생이 된다.

부자는 가장 많이 가진 사람이 아니라, 더 이상 필요한 것이 없는 사람이다. 사랑을 받으면 더 이상 바랄 것이 없는 가장 큰 부자가 된다.

> 누가 너를 남달리 구별하였느냐 네게 있는 것 중에 받지 아니한 것이 무엇이냐 네가 받았은즉 어찌하여 받지 아니한 것같이 자랑하느냐 고전 4:7

아멘. 자랑할 것이 없다. 주님이 주셨다. 자격 없는 우리를 남달리 구별하여, 편애하듯 사랑하시며 모든 것을 주셨다.

이 사랑이 우리를 살렸다.

정진규 〈서서 자는 말〉

애비는
서서 자는 말(馬)이란다

내 아들은 유도를 배우고 있다

이태 동안 넘어지는 것만

배웠다고 했다

낙법만 배웠다고 했다

넘어지는 것을 배우다니!

네가 넘어지는 것을

배우는 이태 동안

나는 넘어지지 않으려고

기를 쓰고 살았다

한번 넘어지면 그뿐

일어설 수 없다고

세상이 가르쳐 주었기 때문이다

잠들어도 눕지 못했다
나는 서서 자는 말
아들아 아들아 부끄럽구나
흐르는 물은
벼랑에서도 뛰어내린다
밤마다 꿈을 꾸지만
애비는 서서 자는 말 [27]

  부부싸움을 절대 안 하는 법이 있다. 결혼하지 않으면 된다. 배가 파도를 만나지 않는 법이 있다. 바다로 안 나가고 항구에 계속 정박해 있으면 된다. 인생에서 실패하지 않는 비결이 있다. 죽으면 된다.
  조화(造花)는 벌레 먹거나 강한 햇볕에 상처를 입은 모습이 하나도 없이 완벽하다. 그러나 생화(生花)는 늘 상처 입은 몸 조각을 지니고 있다. 산다는 것은 넘어지고 실패하고 상처 입는 것들의 연속이다. 문제는 다시 일어날 수 있느냐 하는 것이다.
  시인의 아들이 유도를 배우고 있다. 업어치기, 허리후리기, 빗당겨치기, 허벅다리 후리기 등을 배우는 줄 알았는데, 이게 웬일인가? "이태 동안 넘어지는 것만 배웠다"라고 한다. 낙법(落法)만 배웠다는 것이다. 시인 아버지는 깜짝 놀랐다. 자신은 이제껏 넘어지지 않으려고 기를 쓰고 살았는데, 넘어지는 법을 배우다니!
  아버지는 험한 세상을 살면서 "한 번 넘어지면 그뿐 / 일어설 수 없다고" 느껴왔고, 그렇게 배워왔다. 그러기에 절대로 넘어져서는 안 되었다. 시인에게 한 가정의 생계를 책임진 아버지는 잘 때도 눕지 못하는 '서서 자는 말'이다. 마치 맹수가 나타났을 때 어서 피해 새끼들을 보호하기 위해서 서서 잠을 자는 얼룩말처럼 말이다.

눕고 쉬게 하시는 하나님의 은혜

"지금까지 링은 인생의 축소판이라고 생각해 왔습니다. 그런데 일련의 어려움들을 겪으면서 저는 인생이 링보다 무서운 곳이라는 생각이 듭니다. 링에서는 두들겨 맞아 그로기 상태가 되면 말려주는 사람도 있지만, 인생에서는 맞고 떨어지면 아예 죽으려고 하는 것 같아요."[28]

4전 5기의 신화, 전(前) 세계 복싱 챔피언 홍수환 선수가 한 이야기다. 패자 부활전은 TV 속 오디션 프로그램에나 존재할 뿐, 현실은 냉혹하다.

이러한 승자독식 사회를 너무도 잘 알고, 넘어지지 않게 살아온 아비는 둥글게 구르는 낙법을 배우는 아들을 보고 부끄러웠다. '넘어질 수도 있지, 다시 일어나면 그만이지!' 하는 배짱을 가지기에는, 세상이 너무나 큰 벽이었고 자신은 너무 작은 존재였기에 그러하다. 그런 우리들의 아버지를 이해한다. 애처롭다. 사랑한다. 응원한다.

주저앉으면 마침표이고, 다시 일어서면 쉼표이고 느낌표다. 성경에 나오는 믿음의 영웅들은 한 번도 넘어지지 않은 사람이 아니라 일곱 번 넘어져도 하나님의 은혜로 일어나는 사람이고, 다시 일어서면서 '하나님의 은혜'와 '영원한 것'을 배우는 존재다.

세상 사람들은 일곱 번이나 넘어진 사람을 도와주지 않는다. 《이솝 우화》의 〈양치기 소년〉 이야기를 보라. 사람의 인내는 세 번을 넘기기가 힘들다. 그러나 하나님은 일곱 번이라도, 아니 일흔 번이라도 다시 일으켜주신다. 그러기에 우리의 아버지, 또한 누군가의 아버지인 우리는 서서 자지 않고, 주님의 품 안에서 편히 누워 잠을 잘 수 있다.

> 대저 의인은 일곱 번 넘어질지라도 다시 일어나려니와 악인은 재앙으로 말미암아 엎드러지느니라 잠 24:16

박성재 《져주는 대화》

져주는 당신 멋져

지는 것과 져주는 것은 다르다. 지는 것은 힘이 없어서 지는 것이기에 분한 생각이 든다. 그러나 져주는 것은 이길 능력과 힘이 충분하지만 스스로 양보하는 것이기에 마음에 상처가 없다. 오히려 그를 일어나게 해주었다는 자부심이 넘쳐나게 된다. 이기기 위해서는 힘이 필요하지만, 져주기 위해선 사랑과 배려가 필요하다.

승부의 세계에는 이기는 자와 지는 자가 있다. 대화에도 이기는 대화와 지는 대화가 있다. 그런데 '져주는 대화'도 있다.

"대화를 하는 과정에서 상대방을 진심으로 존중하고 배려하는 겸손한 태도로 상대방의 주장과 견해를 진지하게 경청해서 자신의 주장보다 조금이라도 더 타당성과 합리성이 있다면 물러설 수 있는 대화, 어떤 큰 목표를 성취하기 위해 자신이 먼저 양보하고 타협할 수 있는 대화가 져주는 대화다."[29]

《져주는 대화》의 부제가 "대화의 승부에서 이기면 승리감을 얻지만, 져주면 사람을 얻는다"이다. 전투에서 이기고 전쟁에서 지는 사람이 있다. 반면 전투에서 져주고 전쟁에서 승리하는 사람이 있다.

우리에게는 대화할 때 상대방을 이기고자 하는 본능이 있다. 상대방을 이겨야 자신의 의지대로 할 수 있고, 여러 가지 유리한 위치를 차지할 수 있기 때문이다. 대화의 승자는 목적을 성취할 수는 있겠지만 사람을 잃을 수가 있다. 일방적으로 이기거나 진다면 대화는 물 건너간다.

우리 삶에는 '져주는 게 이기는' 경우가 얼마든지 있다. 상대방을 존중하고 배려한다면, 물러설 줄 알고 양보를 한다면, 당장은 아니더라도 언젠가는 좋은 열매를 맺게 된다. 대화도 마찬가지다. 져주는 대화로 상대방의 마음을 얻는다면 최고의 열매일 것이다.

우리는 죄성이 가득한 불완전한 인간들이기에 사랑하면서도 싸운다. 싸우되 져주고 항복하면서 행복한 것이 사랑이다. 더 사랑하는 쪽이 진다는 말이 있다. 이기는 사람이 승리자가 아니라 이길 수 있는데 져주는 사람이 사랑으로 충만한 진정한 승리자다.

아버지는 종종 아들과 씨름을 하면서 져준다. 엉터리 씨름이다. 엄마와 딸이 숨바꼭질을 하면 엄마가 옷자락을 보여주며 잡혀준다. 진 것이 아니라 져준 것이다. 물론 이기는 승리감을 주는 것보다 지더라도 근성을 길러주는 것을 중요하게 여겨서 부모가 악착같이 자녀를 이기는 교육법도 있겠지만, 져주는 교육은 더욱 효과적이다.

야곱은 얍복 강가에서 하나님의 사람과 씨름해서 이겼다.

> 그가 이르되 네 이름을 다시는 야곱이라 부를 것이 아니요 이스라엘이라 부를 것이니 이는 네가 하나님과 및 사람들과 겨루어 이겼음이니라 창 32:28

놀랍고 신비한 구절이다. 이게 무슨 일일까? 사람이 어떻게 하나님을 이길 수 있겠는가.

하나님이 져주신 것이다.[30]

하나님이 져주는 것을 '은혜'라고 말한다. 자격이 없는데 받게 하시고, 누릴 수 없는데 누리게 하시는 것이 은혜다. 우리는 하나님의 은혜로, 멸망치 않고 여기까지 왔다.

예수님은 얼마든지 힘이 있으신데도 일부러 져주시고, 십자가에 달리시고, 피 흘려 죽으심으로 우리를 죄에서 구원하셨다.

예수님은 그리스도인이 세상의 소금이라고 말씀하셨다. 설탕은 자기 맛을 내려고 하지만, 소금은 남의 맛을 내준다. 남의 맛을 내주려면 제 몸이 녹아야 한다. 양보하고 희생하는 것이다. 져주는 것이다. 이길 수 있지만 져줄 때 그리스도인의 맛이 나게 된다.

나이를 먹어 간다는 것, 그리고 신앙이 성숙한다는 것은 이기며 사는 행복보다 져주며 사는 행복이 더 크다는 걸 깨달아가는 것이다.

천국에서 쓰는 일곱 가지 말이 있다고 한다.

미안해요, 괜찮아요, 좋아요, 잘했어요, 훌륭해요, 고마워요, 사랑해요.

이 말들에는 상대방에 대한 배려와 존중, 겸손과 소통의 의미가 담겨 있다. 져주는 대화의 멋진 예다.

오직 '이기는 것'만 입력되어 있을 인공지능은 '승리'만을 알 것이다. 그런 인공지능이 져주는 마음의 미묘한 결을 헤아릴 수 있을까. 져주는 '낭만'마저 이길 수 있을까.

'당신멋져'란 건배사가 있다. 이런 뜻이라고 한다.

'당'당하고
'신'나고
'멋'지게 살되 가끔은
'져'주자

작자 미상 〈내 등에 짐이 없었다면〉

내 등의 짐이
복이었다

내 등에 짐이 없었다면

나는 세상을 바로 살지 못했을 것입니다.

내 등에 있는 짐 때문에

늘 조심하면서 바르고 성실하게 살아왔습니다.

이제 보니 내 등의 짐은

나를 바르게 살도록 한 귀한 선물이었습니다.

내 등에 짐이 없었다면 나는 사랑을 몰랐을 것입니다.

내 등에 있는 짐의 무게로 남의 고통을 느꼈고

이를 통해 사랑과 용서도 알았습니다.

이제 보니 내 등의 짐은

나에게 사랑을 가르쳐준 귀한 선물이었습니다.

내 등에 짐이 없었다면
나는 아직도 미숙하게 살고 있었을 것입니다.
내 등에 있는 짐의 무게가
내 삶의 무게가 되어 그것을 감당하게 하였습니다.
이제 보니 내 등의 짐은 나를 성숙시킨 귀한 선물이었습니다.
(후략)

산을 오를 때, 등에 짊어진 적당한 배낭의 무게가 몸의 중심을 잡아준다. 물살이 센 냇물을 건널 때도 등에 짐이 있으면 물에 휩쓸리지 않고, 화물차가 언덕을 오를 때도 짐을 싣고 있어야 헛바퀴가 돌지 않는다.

말에게 '편자'(horseshoe)는 고통스러운 짐이다. 그러나 편자 덕분에 발굽이 상하지 않고, 잘 달릴 수 있다. 개미가 강을 만나면 지고 가던 짐을 다리처럼 사용하여 건넌다고 한다. 새에게 날개는 무거우나 그것 때문에 날 수 있고, 갑옷은 무거우나 그것 덕분에 칼을 막을 수 있다.

삶의 짐도 그러하다. 너무 과도한 짐은 벅차지만, 적당한 짐은 삶의 중심을 잡아주고, 고개 하나하나를 균형 있게 넘어가도록 도와준다.

특히 가족이라는 짐은 평생 짊어지고 가야 할 '즐거운 짐'이다. 하기 싫은 직장생활도 아내와 자식들의 얼굴이 떠올라 계속하고, 못된 짓을 하려다가도 부모님의 얼굴이 아른거려서 하지 않는 것이 우리네 삶이다.

짐이 무거워 벗어 버리고 싶을 때가 많지만, 짐 덕분에 여기까지 온 것이다. 짐이 무겁다는 것은 내가 이 세상에서 할 일이 많다는 것이며, 가는 길이 험한 것은 높은 산에 오르고 있다는 의미다.

한자 '어질 인'(仁)은 사람이 등에 두 개의 짐을 진 형상이다. 어진 사람이란 남의 아픔을 외면하지 않고 그의 짐까지 지는 사람이라는 의미다. 형제, 이웃의 짐까지 같이 지고 가는 어진 사람을 보면 고개가 숙어진다.

신비한 아이러니가 있다. 고난과 짐이 무거울수록 삶은 더욱 생생하고 진실해진다. 반면에 짐이 가벼울수록 인간은 먼지보다 가벼워져서, 참을 수 없는 존재의 가벼움 속에서 아무 깊이도 의미도 없어진다.

묵직함을 택하자니 힘들고, 가벼움을 택하자니 얄팍해진다. 그러나 고민할 것이 없다. 내가 택하는 것이 아니고 주님이 각 사람에게 맞게, 때에 따라 무거움을 주기도 하시고 가벼움을 주시도 하신다. 이 둘을 적절하게 섞어 주셔서 온전한 사람으로 빚어 가신다.

어느 시인의 표현대로 흔들리지 않고 핀 꽃은 없다. 굽이치지 않고 흐르는 강물은 없듯이, 생명이 있는 모든 것은 흔들리면서 몸부림치며 자라난다. 등에 있는 짐을 위해 기도하고 몸부림치면서 겸손해지고 자아가 죽고 주님을 바라보게 된다.

무엇보다도 주님은 우리의 짐을 같이 져주시며 쉼을 주시고, 짐을 이기게 하신다.

> 수고하고 무거운 짐 진 자들아 다 내게로 오라 내가 너희를 쉬게 하리라 마 11:28

우리의 짐을 주님께 가져가면 짐은 심술에서 선물로 변한다. 고통에서 복으로 변한다.

나희덕 〈빨래는 얼면서 마르고 있다〉

희망이
우리를 살린다

이를테면 고드름 달고

빳빳하게 벌서고 있는 겨울 빨래라든가

달무리 진 밤하늘에 희미한 별들

그것이 어느 세월에 마를 것이냐고

또 언제나 반짝일 수 있는 것이냐고 묻는다면

나는 대답하겠습니다

빨래는 얼면서 마르고 있다고

(후략)[31]

저 얼어있는 빨래는 마를 수 있을까? 저 희미한 별들도 언젠가 빛날 수 있을까?

어린 시절, 그때는 겨울이 왜 그리 추웠는지, 빨래를 널어놓으면 버석버석 얼면서 고드름이 달렸다. 고드름이 달린 빨래가 언제 마르겠는가 생각하지만, 놀랍게도 빨래는 얼면서 마르고 있었다. 엄동설한에도 햇빛은 여전히 비치고, 햇빛의 친구 바람이 끊임없이 어루만지면서 살짝살짝 말리고 있기 때문이다.

맞다. 빨래는 얼면서 마르고 있었다. 우리네 삶도 빨래처럼 고난과 고통 중에도 알게 모르게 성장하면서 완성되어가고 있다.

시인이 걱정한 밤하늘의 희미한 별들도 결코 꺼지지 않는다. 밤이 아름다운 건, 온 세상이 어두워도 빛을 내는 존재가 있기 때문이다. 아무리 희미해도 이 빛을 '희망'이라고 부른다.

그리스 신화에서 판도라의 상자를 열자 시기, 질투, 탐욕, 증오 등 온갖 불길한 벌레들이 기어 나와 날아다녔다. 황급히 뚜껑을 닫자 상자 한구석에는 '희망'이라는 이름의 작은 돌멩이가 남았다. 그 어떤 경우에도 희망은 남아있다.

시원한 폭포에 물이 없다면 절벽이 된다. 인생에 희망이 없다면 절벽이 된다. 악한 마귀는 사람에게서 희망을 빼앗아 지옥을 만들려고 한다. 그러나 하나님은 그분을 바라보는 사람에게 희망을 주어 살리신다.

> 여호와의 말씀이니라 너희를 향한 나의 생각을 내가 아나니 평안이요 재앙이 아니니라 너희에게 미래와 희망을 주는 것이니라 렘 29:11

그렇다. 호모 에스페란스(Homo Esperance)! 사람은 희망을 먹고 사는 존재다. 사람과 희망은 같은 말이다. '사람 희망', '희망 사람'은 서로 자리를 바꾸어도 하나 어색하지 않은 쌍둥이다.

그가 웃고 있다. 희망을 한 잔 마셨기 때문이다.

그가 노래하고 있다. 희망을 두 잔 마셨기 때문이다.

그가 춤을 추고 있다. 희망을 석 잔 마셨기 때문이다.

강물의 검불 조각은 그저 떠내려가지만, 은빛 연어들은 강물을 거슬러 올라간다. 꿈과 희망 때문이다. 꿈을 실은 물방울 하나가 천 리를 간다.

빨래는 얼면서 마르고 있고, 희미해도 별은 여전히 빛나고, 추위에 얼어붙은 손 또한, 트고 갈라지면서 서서히 새살이 돋는다. 얼음장 밑에서도 고기는 헤엄을 치고, 눈보라 속에서도 매화는 꽃망울을 터뜨릴 준비를 하고 있다.

"겨울 빨래에 작은 고기 한 마리로 깃들여 살다가"

시인은 언 빨래 속에 남아있는 여리고 엷은 수분 속에서 한 마리 작은 물고기가 되어 살겠다고 한다. 한 점의 수분만 있어도 희망이 있다. 반딧불 같은 여린 불빛만 있어도 희망이 있다.

우리 성도들에게는 '희망'이라는 말과 동의어들이 있다. 성경, 예배, 기도, 찬송, 하나님의 사랑…. 이는 모두 희망이라는 말들이다.

에린 핸슨 〈아닌 것〉

나 아닌 것
떼어내기

당신의 나이는 당신이 아니다.

당신이 입는 옷의 크기도,

몸무게와

머리 색깔도, 당신이 아니다.

당신의 이름도,

두 뺨의 보조개도 당신이 아니다.

당신은 당신이 읽은 모든 책이고

당신이 하는 모든 말이다.

(중략)

당신은 당신이 믿는 것들이고

당신이 사랑하는 사람들이며
당신 방에 걸린 사진들이고
당신이 꿈꾸는 미래이다.

당신은 많은 아름다운 것들로 이루어져 있지만
당신이 잊은 것 같다.
당신 아닌 그 모든 것들로
자신을 정의하기로 결정하는 순간에는.[32]

나를 이루고 있는 것은 몸무게도, 키와 나이도, 주민등록번호도 아니다. 내가 사는 집의 평수, 타고 있는 차의 가격, 월급의 액수도 아니다. 이렇게 계량적인 숫자들이 아니라, 무엇을 보고 가슴이 울렁거리는지, 무엇을 할 때 신바람이 나는지, 무엇보다도 하나님이 내게 주신 사명 속에서 사는 것이 진정한 '나'다.

위대한 조각가 미켈란젤로에게 다윗의 조각상을 어떻게 만들었는지 묻자 그는 "다윗이 아닌 것, 다윗의 몸에 붙어있지 않을 것 같은 돌들을 쪼아냈다!"라고 대답했다.

내 인생의 승리는 나 아닌 것을 떼어낼 때 다가온다. 타인에 대한 부러움 때문에 나 아닌 것을 더덕더덕 붙여가면 무거운 삶을 살게 된다. 남이 제일 잘 잘하는 것과 자신이 제일 못하는 걸 비교하면 열등감에 빠지게 된다.

'비교'에 대한 2행시는 이러하다.

'비'참해지거나,
'교'만해지거나!

    그렇다. 비교하는 삶을 살면, 비참해지거나 교만해진다. 다른 사람의 '짝퉁'이 아니라, 나만의 '정품'이 되어야 한다.
    앵무새도 말을 할 수 있다. 그러나 자신이 하고 싶은 말이 아니라 가르치고 일러준 말만 한다. 그러나 어린아이는 말을 배운 뒤에 자신이 하고 싶은 말을 한다. 하나님이 주신 자신의 인생을 살아가기 시작하는 것이다. '자존감'이란 남의 복사본으로 살아가던 내가 나의 원본(原本)을 찾는 것을 의미한다.
    나 아닌 것을 떼어내면서 행복이 시작된다. 세상에서 가장 현명한 사람은 배우는 사람이고, 세상에서 가장 강한 사람은 자신을 이기는 사람이며, 세상에서 가장 행복한 사람은 자신에 관해 감사하는 사람이다. 희망이란 남과 같은 보석이 되기 위해 노력하는 것이 아니라 자신이 이미 보석임을 아는 데서 시작된다.
    우리 모두 하나님의 선한 비전을 안고 태어난 하나님의 걸작품들이다. 저마다의 아름다움과 저마다의 사명이 있다.

> 내가 여호와의 명령을 전하노라 여호와께서 내게 이르시되 너는 내 아들이라 오늘 내가 너를 낳았도다 시 2:7

그렉 맥커운 《에센셜리즘》

나의 것에 집중하라

경영학자로 리더십·전략 디자인 에이전시를 운영하고 있는 그렉 맥커운은 자신의 저서 《에센셜리즘》(Essentialism: The Disciplined Pursuit)에서 분별 있는 적음을 추구해 가장 본질적인 목표에 집중하는 '에센셜리즘'에 관해 이야기한다.

이 책의 부제는 '본질에 집중하는 힘'이고 핵심 문장은 "더 적게, 하지만 더 좋게"(Weniger, aber besser)다. 즉 더 좋은 것만을 추려 내 그 선택에 역량을 집중하라는 것이다.

저자는 스티브 잡스, 워런 버핏, 테레사 수녀 등이 삶에서 승리할 수 있었던 이유는 바로 핵심에 집중했기 때문이라고 하면서, 삶의 지혜는 중요하지 않은 것을 버리는 데 있고, 삶의 우선순위를 정해놓지 않는다면 다른 사람이 내 삶의 우선순위를 정할 것이라고 했다.

그는 에센셜리스트가 되기 위해서는 다음 3가지 궤변의 함정에 빠지지 말고 이것을 반드시 극복해야 한다고 말한다. 그것은 "나는 그것을 꼭 해야 해", "전부 다 중요한 거야", "모두 다 해낼 수 있어"라는 것이다.

이 궤변들은 사람들 사이에 너무나도 강력하게 뿌리를 내리고 있어서 극복하기가 쉽지 않지만, 에센셜리스트가 되기 위해서는 이러한 궤변 대신 "나는 선택할 수 있다", "정말 중요한 것은 극소수에 불과하다", "모든 것을 다 해낼 수는 없다"[33]라는 세 가지 진실을 받아들일 필요가 있다고 말한다.

존스 홉킨스 의대 정신과 최초 한국인 의사인 지나영 교수는 자율신경계 장애를 앓으며 절망에 빠졌다가 이《에센셜리즘》이라는 책을 읽고 다시 삶의 용기를 얻게 되었다.

그녀는 "리더십 컨설턴트이자《에센셜리즘》의 저자 그렉 맥커운은 다른 사람의 부탁이나 초대에 거의 대부분 "No"라고 대답해야 하고, 아주 중요하고 의미 있는 소수의 일에만 "Yes"라고 답해야 한다고 말한다"[34]라면서, 모든 것에 "예스(Yes)"라고 말하지 않고 정중히 "노(No)!"라고 말하며, 남은 힘과 시간으로 핵심적인 일에 집중할 것을 결심했다.

현대는 넘쳐나는 시대다. 베를린 예술대 한병철 교수는 과잉 때문에 빚어지는 '피로사회'를 지적한다. 넘쳐나는 것들 중에서 핵심은 무엇인가? 그것을 볼 줄 아는 사람이 현대의 승리자다.

풍경 사진의 기본은 뺄셈이다. 초보자는 이것저것 다 담으려 하지만, 고수는 빼고 빼서 결정적 포인트를 중심으로 촬영한다.

모든 것을 할 수 있다는 교만, 모든 것을 해야 한다는 강박증이 사람을 무기력하게 한다.

아카데미 시상식에서 가장 큰 관심은 '최우수 작품상'이다. 그런데 최우수 작품상은 편집상과 매우 밀접한 연관이 있다. 1981년 이후로 아카데미상 최우수 작품상을 받은 작품들은 거의 다 편집상을 수상했거나 편집상 후보로 선정되었다.

편집이란 뺄 것은 빼고 더해야 할 것은 더함으로써 주제, 배경, 줄거리, 인물 등에 생명을 부여하는 것이다. 편집은 독자가 가장 중요한 메시지를 분명하게 이해하도록 도움을 준다. 그래서 소설가 스티븐 킹은 "글을 쓰는 것은 인간의 수준이지만, 편집을 하는 것은 신의 수준이다"라고 말한 바 있다. 편집은 주제에 집중하는 것이다.

편집과 비슷한 말이 '가지치기'다. 풍성한 열매를 맺기 위해서는 가지치기를 해야 한다. 꽃 인생이 있고, 열매 인생이 있다. 하나님은 우리를 꽃이 아니라 열매를 위해 부르셨다. 열매를 맺기 위해서는, 물도 바람도 햇살도 필요하지만, 가지치기가 중요하다.

가지 많은 나무에 바람 잘 날이 없다고 했다. 잔가지들을 일일이 돌보는 일이 그만큼 어렵기 때문이다. 가지 많은 나무는 영양분이 여러 갈래로 나뉘기 때문에 실한 열매를 얻을 수 없다. 불필요한 마른 곁가지를 잘라야 그곳에 새순이 돋고 속이 꽉 찬 열매를 맺어간다.

마음도 그러하다. 욕심을 가지치기한 자리에 소망의 새순이 돋고, 불평불만을 가지치기한 자리에 감사의 새순이 돋고, 미움을 가지치기한 자리에 사랑의 새순이 돋아난다. 주님은 이 진리를 이렇게 말씀하셨다.

> 무릇 내게 붙어있어 열매를 맺지 아니하는 가지는 아버지께서 그것을 제거해 버리시고, 무릇 열매를 맺는 가지는 더 열매를 맺게 하려 하여 그것을 깨끗하게 하시느니라 요 15:2

마귀는 초점을 흐리고, 핵심을 흐리고, 목적을 잃게 한다. 열매는 없고 무성한 가지와 이파리만 많게 유도한다.

영성학자 토머스 머튼은 "나무는 나무가 됨으로써 하나님께 영광을 드린다"라고 했다. 나무가 구름이 되려 한다거나 바람이 되려 한다면 어찌하겠는가. 우리는 모든 것을 다 할 수 없다. '하나님이 내게 하라고 하신 일', '본질적인 소수', '더 적게, 하지만 더 좋게' 핵심에 집중할 때, 생명의 열매를 맺게 된다.

시편 131편은 보존(maintenance)의 시편이다. 신앙인에게 이 시편은 정원사의 가지치기 같은 역할을 한다.

> 여호와여 내 마음이 교만하지 아니하고 내 눈이 오만하지 아니하오며

> 내가 큰일과 감당하지 못할 놀라운 일을 하려고 힘쓰지 아니하나이다
> 시 131:1

주님께서 나에게 하라고 하신 '나의 일'이 아닌 '큰일', '감당하지 못할 놀라운 일'을 하려고 분주할 필요가 없다. 신앙과 삶의 핵심은 주께서 하라고 하신 '나의 일'이다.

곤도 마리에 《인생이 빛나는 정리의 마법》

설레지 않는 것은 다 버려라

'정리의 여왕'으로 불리는 일본의 곤도 마리에는 유치원을 다니면서부터 정리에 푹 빠졌다고 한다. 그녀가 저술한 《인생이 빛나는 정리의 마법》은 40개국에서 700만 권 이상 팔린 베스트셀러다. 그는 미국의 각종 TV 토크쇼에 출연하고 미국의 저명한 주간지〈타임〉(Time)지가 선정한 '세계에서 가장 영향력 있는 100인'에 뽑히기도 했다.

단지 정리법을 소개했는데 이와 같이 영향력 있는 인물이 될 수 있었던 것은 '정리하는 것'이 얼마나 우리 인생에서 중요하고 의미 있는 일인지를 말해준다.

그녀는 "마음이 설레지 않는 옷을 입고 행복할까? 설레지 않는 책들을 쌓아둔다고 행복을 느낄 수 있을까? 절대 착용하지 않을 장신구를 갖고 있는 것으로 행복한 순간이 찾아올까?"라고 물으며, "설레지 않으면 버려라"라는 통쾌한 선언을 한다.

흔히들 '정리'를 한다면 수납을 의미한다고 생각하는데, 그녀는 '버리기'라고 한다. 그녀는 두근거리지 않는 것들에 둘러싸여 많은 에너지를 빼앗긴다며, 두근거림과 설렘이 없는 것들을 미련 없이 버렸는데 그 이후에는 좋아하는 것들로 삶이 채워지는 체험을 했다.

그래서 독자들에게 마음이 설레는 물건만으로 채워진 자신의 공간과 생활을 상상해보자며 그것이 바로 자신이 누리고 싶은 이상적인 생활이 아닐까 묻고, 이렇게 권한다.

"마음이 설레는 물건만 남기고, 나머지는 전부 과감히 버리자. 그 순간부터 당신에게 새로운 인생이 시작될 것이다."[35]

그녀는 물건을 버리지 않고 쌓아 놓는 사람의 유형을 '과거 집착형'과 '미래 불안형'으로 나눈다. '과거 집착형'은 과거의 추억과 의미를 되새기기 위해 관련된 물건을 고집하는 유형이고, '미래 불안형'은 언젠가의 쓸모를 염두에 두면서 물건을 저장하는 유형이다.

내가 머무는 공간은 나의 내면을 표현한다. 그러므로 내 주위에 쌓인 물건들은 나의 과거, 현재, 미래의 모습을 보여주는 증표일 수도 있다. 이런 점에서 '정리'는 자신의 삶을 돌아보는 계기가 되며 현재를 살아가는 방편이 된다.

'공간 정리'(Space Clearing)라는 흥미로운 이론을 제시하면서, 미국과 유럽에서 '잡동사니 청소 강연'을 하고 있는 캐런 킹스턴은 《아무것도 못 버리는 사람》(Clear Your Clutter with Feng Shui)이라는 저서에서, 버리지 못하고 있는 잡동사니는 집안의 에너지를 침체시키고, 이 정체된 에너지는 사람의 육체, 정신, 감정까지 침체시킨다고 말한다.

그러므로 잡동사니를 정리하는 것은 인생까지 말끔히 정돈하는 일이 되고, 그 결과 우리의 생명 에너지가 완전히 재생되어 강렬한 빛을 발산하게 된다는 것이다.

리즈 데번포트의 《정리기술》(Order from Chaos)에는 무려 35개의 상자를 차고에 쌓아둔 여자의 이야기가 나온다. 그녀는 이사 다닐 때마다 이 상자들을 가지고 다니면서도 15년 동안 한 번도 열어보지는 않았다. 남편이 간곡히 제안해서 부부는 상자들을 개봉하기 시작했다.

첫 번째 상자는 15년 전 직장에 다닐 때 만든 홍보 팸플릿이었는데, 족히 500부는 되었다. 그다음 상자도 비슷했다. 박스를 열 때마다 그녀는 충격을 받았다. 값진 것은 없었다. 단지 그녀는 15년 전 자신을 해고한 사람들이 잘못되었다는 것을 증명하고 싶었을 뿐이었다. 이런 상자들을 다 치우고 나니 결국 상자는 2개로 줄어들었고, 그녀는 과거의 분노와도 화해했다.

우리는 버려야 할 분노와 아픔을 끝내 간직하는 경우가 많다. 이것은 쓰레기를 품고 사는 것과 같다. 새로운 출발을 막는 것은 과거의 아픔이 아니라 그 아픔을 곱씹으려는 '마음'인지도 모른다.

두레박에 돌이 가득하면 그만큼 물이 들어올 틈이 없는 것처럼, 버려야 할 쓰레기가 우리 마음을 다 차지하면 신선하고 아름다운 생각이 들어올 틈이 없다. 악기도 속을 비워야 맑은 소리를 낸다.

비우고 집중할 수 있게 하는 비결

삶의 지혜는 중요하지 않은 것을 버리는 데 있다. 그리하여 '본질적인 소수'에 집중하는 것이 중요하다. 더 멀리 가기 위해서도 짐을 버리고 가볍게 만들어야 한다. 가벼워진 만큼 삶의 핵심에 더욱 집중할 수 있다.

버리고 나면 내게 이렇게 넓은 공간이 있었다는 사실에 놀랄 것이다. 너저분하게 널린 물건들로 답답하던 공간이 따스한 햇살과 시원한 바람, 그리고 넉넉한 여유로 채워진다. 이것이 바로 행복의 공간이다.

물리적 공간뿐만이 아니라 시간 관리, 감정 관리의 영역에서도 버림이 중요하다. 설레지 않은 것은 다 버려라. 그리하여 행복한 핵심에 집중하라.

성경은 설레지 않는 것을 버릴 수 있는 비결을 제시한다. 바로 주님이 주신 비전에 몰입할 때 버림이 가능하다.

> 형제들아 나는 아직 내가 잡은 줄로 여기지 아니하고 오직 한 일 즉 뒤에 있는 것은 잊어버리고 앞에 있는 것을 잡으려고 푯대를 향하여 그리스도 예수 안에서 하나님이 위에서 부르신 부름의 상을 위하여 달려가노라 빌 3:13,14

바울은 주님이 주신 비전의 푯대를 향하여 달려가면서, 뒤에 있는 것은 잊어버린다고 했다. 뒤에 있는 성공도, 뒤에 있는 아픔도 앞에 있는 것을 잡으려 잊어버린다고 했다. 비전을 바라보니 버림이 가능해졌다는 고백이다.

우리는 대부분 수많은 생각에 뒤얽혀 있다. 뒤얽힘의 큰 이유는 비전의 푯대가 확실하지 않기 때문이다. 주님이 주신 비전은 내 삶과 생각을 '정리'하게 만든다. 얽혀있는 것, 의미 없는 것들을 깨끗이 정리한다.

우리는 마리아와 마르다 이야기를 잘 안다. 예수님을 집에 맞이한 마르다는 예수님을 섬기기 위한 식사 준비로 마음이 분주하던 중 예수님의 권면을 받게 된다.

> 주께서 대답하여 이르시되 마르다야 마르다야 네가 많은 일로 염려하고 근심하나 몇 가지만 하든지 혹은 한 가지만이라도 족하니라 마리아는 이 좋은 편을 택하였으니 빼앗기지 아니하리라 하시니라 눅 10:41,42

예수님은 마르다의 섬김 자체를 비판하신 것이 아니다. 예수님을 대접하는 일이 얼마나 갸륵한 일인가. 교회에서 마르다와 같이 식당 봉사를 하는 것이 얼마나 아름다운 일인가. 가련한(?) 마르다는 예수님의 지적대로 "많은 일로 염려하고 근심"한 것이 문제였다.

여기서 '많은'이라는 말씀과 '염려하고 근심'했다는 말씀에 유의하자. 마르다는 예수님을 대접하면서도 '염려하고 근심'했다. '많은 일' 때문에 말이다. 이런 마르다에게 예수님은 "몇 가지만 하든지 혹 한 가지만으로 족하니라"라고 말씀하시고, 그러면서 마리아에 관해서는 "빼앗기지 아니할 좋은 편을 하나 택했다"라고 하셨다.

마르다와 마리아의 차이가 무엇인가? 마리아와 달리 마르다는 '많은' 일들로 인해 마음이 나뉘었고, 염려했다. 그리하여 마음 정리가 안 되었다. 바로 그것이 문제였다.

바울처럼 주가 주신 푯대를 향하여 달려갈수록 삶의 잡동사니를 버릴 수 있다. 정리의 마법이 일어난다.

스벤 브링크만 《절제의 기술》

제일 좋은 건
님을 위해 남겨두세요

한 시인은, 바닷속 전복을 따 파는 제주 해녀도 제일 좋은 건 님 오시는 날 따다 주려고 물속 바위에 붙은 그대로 남겨둔다고 했다. 남겨둔 전복을 생각하며 해녀는 얼마나 흐뭇하였을까. 남겨둔 절제가 아름다움이고 행복이다.

길거리와 TV는 물론 포털사이트와 인스타그램, 페이스북에 이르기까지 세상은 끝없이 이것을 가져야 좋고 저것도 좋다면서, 무언가를 얻는 것이 행복의 비결인 것처럼 선전한다.

그러나 덴마크 알보그대학교 심리학과 스벤 브링크만 교수는 유혹만 좇아서는 결코 행복할 수 없다고 말한다. 그는 《플라톤의 대화편: 고르기아스》에 나온 소크라테스의 표현을 빌려, 헛된 욕망으로 가득한 우리의 마음을 아무리 많은 물을 부어도 결코 채울 수 없는 '구멍 난 항아리'에 비유한다. 그러기에 행복은 지금보다 더 많은 것을 바라는 게 아니라 오히려 불필요한 것들을 덜어내는 절제에 있다고 말한다.

《절제의 기술》은 마시멜로 실험에서부터 스토아철학과 실존주의 철학, 영화에 이르기까지 여러 사례를 통해 심리적, 실존적, 윤리적, 정치적, 미학적 관점에서 절제의 가치를 살핀다. 그 핵심이 되는 5가지 원칙은 다음과 같다.

선택지 줄이기
진짜 원하는 것 하나만 바라기
기뻐하고 감사하기
단순하게 살기
기쁜 마음으로 뒤처지기

이 원칙들은 모두, 행복은 욕망하고 채우는 데 있는 것이 아니라 비우고 나누고 자족하는 데 있다는 사실을 알려준다.

스벤 브링크만은 '포모'와 '조모'라는 말을 소개한다.

'포모'(FOMO)는 'Fear Of Missing Out'의 줄임말로, 잃어버림에 대한 두려움, '세상의 흐름을 놓치고 있는 것은 아닌가?' 하는 일종의 고립공포감을 뜻한다. 반면 '조모'(JOMO)는 'Joy Of Missing Out', 즉 내려놓음, 놓아버림의 자유를 의미한다. '조모'의 기쁨이 더 큰 기쁨이다.

덴마크는 세상에서 가장 행복한 나라로 손꼽힌다. 브링크만 교수는 그 비결이 '얀테의 법칙'(Jante's Law)에 있다고 말한다. 그는 이 법칙을 '자기 분수를 잘 알고 자만하지 말아야 하며, 성공에만 목매는 일은 다소 천박하다고 여기는 생각'으로 설명하고, "간단히 말해 '내가 대체 뭐라고?'라는 태도를 바탕으로 한다"[36]라고 말했다.

얀테의 법칙은 불필요한 기대를 적게 하고, 자신을 남들보다 똑똑하고 잘났고 우월하다고 생각하지 않는 겸손의 태도로, 이런 삶의 태도에서 행복이 나온다는 것이다. 한마디로 절제의 자세다.

더 하기도 좋고 덜 하기도 좋을 때 그 좋음이 반반이라고 하면 덜 하는 편이 좋다. 이를 절제의 미라고 한다. 절제는 진주 목걸이를 꿰는 비단 끈과도 같다. 끈이 없다면 아무리 아름다운 진주 알들이라 할지라도 굴러다니는 돌덩이와 같다.

성령의 열매들을 완성하는 절제

절제의 세계로 조금 더 들어가 보자.

'가시'라고 하면 흔히들 상대방을 찌르는 부정적인 이미지를 떠올린다. 그러나 정목일 시인은 〈가시〉라는 시에서 가시를 새로운 눈으로 보았다. 가시에는 독기나 냉기보다 긴장과 첨예한 눈빛이 있다며,[37] 가시를 꽃의 존엄과 아름다움을 지켜주는 긴장과 첨예한 눈빛으로 보았다. 그 가시 덕분에 누구도 꽃에 함부로 손을 댈 수 없기 때문이다.

장미는 그 수려한 꽃송이뿐만 아니라 가시까지 포함해서 장미다. 그래서 '가시'의 다른 이름은 '절제'다. 절제의 거리가 존엄과 아름다움을 지키게 한다. 나무도 그렇다. 서로 적절한 거리를 이루고 있을 때 서로 햇빛을 받아 푸른 숲을 이룬다.

글의 세계에도 절제미가 있다. 논리적인 글이 있고, 문학적인 글이 있다. 꽃을 향해 직선으로 날아가는 벌의 언어는 논리적 언어라 볼 수 있고, 꽃을 향해 춤을 추듯 곡선을 그리며 날아가는 나비의 언어는 문학적 언어라고 볼 수 있다.

논리적인 글은 그 내용을 객관적이고 명확하며 보편타당성이 있게 설명하고 이해시켜줘야 한다. 그런 까닭에 논리적인 글은 독자의 몫을 조금밖에 남겨두지 않는다. 그러나 문학적인 글은 공감이 필요하므로 다 설명하지 않고 독자의 몫을 여백으로 많이 남겨둔다.

시인이 모든 것을 말하지 않고 절제미로 감춘 속마음을 상상해보며 상상력 근육을 발달시키는 것이 독서의 최고 묘미 중 하나다. 대화에도 논리적인 대화가 필요할 때가 있고, 문학적인 대화가 필요할 때가 있다. 정확하게 말해야 할 때가 있고, 절제하며 달빛 같은 은유(隱喩)로 말해야 할 때가 있다.

건강도 절제에서 나온다고 한다. '절제는 첫 번째 주치의요, 운동은 두 번째 보약'이라는 말이 있다. 과식은 장이나 위 점막을 손상시킨다고 한다. 장을 청소하는 좋은 방법은 소식(小食)이다. 소식으로 장이 깨끗해지면 면역력도 높아진다.

갈라디아서 5장에 나오는 성령의 9가지 열매 중에 마지막 열매가 바로 '절제'다. 절제는 앞의 모든 성령의 열매들을 감싸는 포대기와 같다. 절제를 통해 모든 열매가 비로소 완성된다.

예를 들어, 자비의 열매가 있더라도 말을 절제하지 못해 말이 많다면, 충성의 열매를 맺더라도 감정을 절제하지 못해 화를 잘 낸다면 그 열매들은 다 빛이 바랜다. 모든 열매에 절제가 들어가야 비로소 향기롭게 완성된다. 절제가 곧 겸손이 되고, 겸손이 배려요, 배려가 곧 어울림이다.

현대 과잉의 시대에 불필요한 것을 덜어내는 절제를 통해 우리는 만족과 감사를 배우고, 세상에 휘둘리지 않고 정말 의미 있는 일에 집중하는 법을 배우게 된다.

이기기를 다투는 자마다 모든 일에 절제하나니… 고전 9:25

> 김은주 〈행복은 놓친 기차 안에만 있지 않다〉

내게 없는 것, 놓친 것, 실패한 것에
마음 쓰지 말라

기차를 놓친 사람이 있었다.

그에게 행복을 물었더니

떠난 기차 안에 있다고 했다.

저녁을 거른 사람이 있었다.

그에게 행복을 물었더니

먹지 못한 따뜻한 저녁 식사에 있다고 했다.

둘 다 행복을 가지지 못했다.

그러나 기차를 놓친 사람은

따뜻한 밥과 국을 먹었고,

저녁을 거른 사람은 기차를 놓치지 않았다.

둘은 이미 서로가 생각하는 행복을 갖고 있었다.[38]

내게 없는 것, 놓친 것, 실패한 것을 아쉬워하며 그 안에서만 행복을 발견하려 한다면 행복은 손에 잡히지 않을 것이다. 그러나 이미 가진 것, 작게 성공한 것에서 행복을 발견할 수 있다면 행복은 아주 가까이에 있다.

시냇물에 감사하지 않는 사람은 바다를 보아도 감사하지 않는다. 오늘 가지고 있는 것을 감사하지 못하면, 내일 더 많은 것을 가진다 해도 감사하지 못한다.

"과거는 부도수표요, 미래는 약속어음이요, 오늘은 현찰이다"라는 말이 있다. 마찬가지다. 남의 것과 지난 것은 부도수표요, 지금 내가 가지고 있는 것이 현찰이다. 남의 돈 천 냥이 내 돈 한 푼만 못하다.

불행은 이미 가진 열 개보다 갖지 못한 하나에 더 집착하면서부터 시작된다. 남의 떡이 더 커 보이고, 남의 잔디밭이 더 푸르러 보이고, 남의 집 사과가 더 빨갛게 익은 것같이 보이면서부터다. 남의 떡이 커 보이는 사람들은 큰 떡을 줘도, 자신의 떡은 건성으로 보고 다른 사람의 떡을 쳐다본다. 그런 사람은 큰 떡이 자신의 손에 들어와도 본래의 크기로 작아진다.

우리는 이미 하나님께 받은 것들이 있기에 이웃을 위한 축복의 통로가 되기에 충분하다. 따뜻하고 다정한 눈빛, 봄처럼 미소 띤 얼굴, 공손하고 아름다운 말, 정중하고 친절하게 사람들을 대하는 것 등 이미 자신은 물론 이웃까지 행복하게 할 수 있는 보석들을 가지고 있다.

꽃은 꽃씨를 날려 퍼뜨리고, 그 꽃씨들이 모여 꿈의 꽃밭을 이룬다. 하나님은 우리 모두의 가슴에 꽃씨를 주셨다. 그리하여 마음에 꽃밭이 피어야 하는데, 대부분 잡초만 무성할 뿐이다.

하나님이 잡초가 된 마음에게 물으셨다.

"왜 꽃 씨앗은 말라 죽고 잡초만 무성한 것이냐?"

잡초 마음이 대답했다.

"남이 가진 돈과 명예와 지위가 거름인 줄 알고 뿌려댔는데, 이렇게 꽃은 안 피고 잡초만 무성케 할 줄은 몰랐습니다."

미국 템플대학교 초대 총장을 지낸 러셀 콘웰 박사는 '다이아몬드의 밭'이라는 주제로 6,000회 이상 강의를 했다.

농부였던 알리 하페드는 다이아몬드를 발견해 어마어마한 부자가 된 사람의 이야기를 듣고 귀가 솔깃해졌다. 그래서 자신이 갖고 있던 허름한 농장을 팔아치우고 다이아몬드를 찾아 나섰다. 하지만 아무것도 찾지 못한 채 세상을 떠나고 말았다.

그런데 얼마 후, 알리의 농장을 구입한 사람이 농장 뒤뜰에서 어마어마한 것을 발견한다. 다이아몬드 밭이었다. 그 밭이 바로 세계 최고의 다이아몬드 광산 중 하나인 인도의 골콘다(Golconda) 광산이다. 알리 하페드는 자신의 밭이 다이아몬드 밭이었는데 평생 다른 밭을 뒤지고 다닌 것이다.

하나님이 내게 주신 꽃씨에 집중해야 한다. 아무리 신발이 예뻐도 발에 맞지 않으면 내 것이 될 수 없다. 바위가 부럽다고 해서 흙이 제 몸을 돌돌 뭉칠 필요도 없다. 별은 별대로 흙은 흙대로의 사명이 있다.

'씨'가 들어간 말은 참 곱다. 마음씨, 글씨, 솜씨, 아가씨, 꽃씨…. 자기의 이름에도 '씨'를 붙여 불러보자.

"한재욱 씨!"

왠지 존귀해 보이지 않는가? 우리는 모두 하나님이 주신 비전 꽃'씨'가 있는 존귀한 존재다. 그 꽃씨를 잘 키워 파아랗고, 빠알갛고, 노오란 하늘의 꽃밭을 만들어 그 밭에 이웃들을 초대하자.

에덴동산은 하나님의 은혜로 충만한 최상의 낙원이었다. 그런데 악한 마귀는 하와에게 하나님이 금하신 한 가지, 즉 선악과에 대해 불평하게 하면서 죄를 부추겼다. 가진 것 천 개보다 없는 것 한 가지에 집중하도록 유혹한 것이다.

이미 주신 은혜, 이미 가진 것, 나의 씨앗에 행복이 있다.

내게 주신 모든 은혜를 내가 여호와께 무엇으로 보답할까 시 116:12

베르나르 키리니 《첫 문장 못 쓰는 남자》

무엇부터 시작해야 할지
모르는 그대에게

    헤밍웨이는 《노인과 바다》의 첫 문장을 무려 200번 이상이나 고쳐 쓴 것으로 유명하다. 소설가 김훈은 《칼의 노래》의 첫 문장을 쓰면서 무수한 몸부림 끝에 "꽃은 피었다"가 아니라 "꽃이 피었다"를 선택했다.

    첫 문장은 밀봉된 비밀의 문을 열어젖히는 손잡이에 해당한다. 명작은 첫 문장에 예언이 담겨 있고, 결말과 맞아떨어진다. 작품에서 첫 문장은 사람을 처음 만났을 때의 첫인상보다 큰 힘이 있다. 첫 문장에 고압 전기에 감전되듯 매혹당해 설레는 가슴으로 책을 읽는 경우가 수없이 많다. 첫 문장에 내포된 폭발 직전의 꿈틀거림, 낯선 세계로의 출발, 앞으로 일어날 사건의 예고, 총구의 방향! 그것이 첫 문장이다.

    글쓰기를 강의하는 어떤 이들은 머뭇거리지 말고 첫 문장을 쓰라고 한다. 그러면 굳었던 생각과 마음이 풀리며 글이 굴러간다고 한다. 한 작가는 첫 문장을 쓰고 나면 긴 장편이라 할지라도 글이 쉽게 풀려 나온다고 한다. 그럴 수 있다. 그러나 끝내 첫 문장을 못 써서 고통스러운 경우가 너무 많다.

《첫 문장 못 쓰는 남자》의 주인공 피에르 굴드는 제목 그대로 첫 문장을 쓰지 못하는 작가 지망생이다. 수많은 고민 끝에 작가가 되기로 하고 수년 전부터 구상해왔던 책을 쓰기로 마음먹는 순간, 자신이 첫 문장을 쓸 수 없다는 사실을 깨닫는다. 그가 앞으로 쓰게 될 모든 것은 바로 첫 문장에서 비롯될 것이라는 중압감에 허투루 시작할 수가 없었던 것이다.

> "첫 문장, 그것이 문제였다. 수년 전부터 구상해왔던 책을 쓰기로 결심한 날, 굴드가 고민한 건 바로 그것이었다. … 그가 앞으로 써나가게 될 모든 것은 바로 그 첫 문장에서 비롯될 것이고, 따라서 첫 문장을 잘못 시작했다가는 책 전체가 망가져 버릴 게 틀림없었다. … 굴드는 하루 온종일 첫 단어들을 추격했다. 마치 그 단어들이 꾀바르고 교활한 짐승인 것처럼, 그것들과 무자비한 싸움을 시작해야 한다는 불안감을 느끼면서."[39]

굴드는 완벽한 첫 문장을 찾느라 노심초사한다. 이런 경우에 대부분의 작가 지망생들이 그러하듯이, 굴드 또한 좋아하는 작가들의 첫 문장을 살펴보며 돌파구를 찾으려 했다.

《이방인》(까뮈)의 "오늘, 엄마가 죽었다", 《잃어버린 시간을 찾아서》(프루스트)의 "오래전부터 나는 일찍 잠자리에 들곤 했다"를 시작으로, 무질, 조이스, 포크너, 포이스, 로렌스, 오웰, 셀린, 되블린 등이 쓴 글의 첫 문장을 읊어보았다.

하지만 별다른 통찰력을 얻지 못한다. 유명 작가의 첫 문장을 패러디해보기도 했지만, 왠지 비겁하게 느껴져 마음에 들지 않았다. 그러던 중, 유레카! 획기적인 해결책을 발견한다.

"두 번째 문장부터 시작하자!"

첫 문장이 아닌 두 번째 문장부터!

발상의 전환에 성공한 굴드는 뜨거운 열정으로 책을 쓰기 시작한다. 바로 두 번째 문장을 시작으로 말이다. 그는 얼마나 기뻤을까?

작가 지망생 굴드의 고민은 우리의 고민이기도 하다. 이대로 살 수 없다고 느끼며 새로운 출발을 하고 싶은데, 무엇부터 시작해야 할지 막막할 때가 많다. 첫 문장이 안 써지는 것이다.

이때 정답이 있다. '신실한 예배'부터 시작하면 된다. 예배가 모든 것의 시작이 되어야 한다. 신실한 예배를 드리고, 예배 때 은혜를 받으면서 모든 문제 해결의 시작이 된다. 그리고 예배 때 들은 하나님의 말씀을 '아멘'으로 받고, '믿음의 말'을 시작하면 된다.

어느 높이 뛰기 육상 코치가 선수에게 말했다.

"마음부터 넘겨라!"

넘을 수 있다는 마음에서부터 시작해야 한다. 그런데 그런 마음이 생기지 않을 때가 많다. 이때는 넘을 수 있다는 '말'부터 시작해야 한다. 하나님이 함께하신다는 '믿음의 말'이 중요하다.

모든 것의 시작은 '예배'부터다. 그리고 '믿음의 말'부터다. 이것이 천둥 같은 첫 문장이다. 이것부터 시작하면 된다.

> 아버지께 참되게 예배하는 자들은 영과 진리로 예배할 때가 오나니 곧 이때라 아버지께서는 자기에게 이렇게 예배하는 자들을 찾으시느니라 요 4:23

데이비드 삭스 《아날로그의 반격》

아날로그, 불편해도 네가 좋아

세계적인 인터넷 쇼핑몰 아마존이 맨해튼에 오프라인 서점을 내고, 실리콘밸리의 리더들이 몰스킨 노트 필기에 빠지고, 세계적인 팝가수 레이디 가가가 LP 레코드로 돌아서고, 문화의 트렌드를 이끌어가는 10대들이 턴테이블과 필름 카메라에 열광한다….

저널리스트인 데이비드 삭스는 이런 기이한 현상들을 소개하면서, 범람하는 디지털 문화 속에서 아날로그 문화를 선택하는 사람들이 의외로 많아지고 있음을 보여준다. 즉, 현대의 사람들이 일은 디지털로 하면서도, 퇴근 후에는 아날로그적 라이프를 꿈꾸고 있다는 것이다.

아날로그의 대표 선수는 바로 책이다. 분명 전자책이 늘어나고 있지만, 종이책은 여전하다. 종이책을 좋아하는 사람들은 책 속에서 단순히 지식과 정보만을 얻지 않는다. 사각사각 책장을 넘기는 소리가 좋고, 종이에 여전히 남아 있는 잉크 냄새가 좋다. 그리고 책의 여백에 이것저것 메모하는 즐거움! 책이라는 사물 자체가 지닌 시감(視感)과 촉감과 온도와 무게감 또한 좋아하는 것이다.

아날로그시계와 디지털시계를 보자. 아날로그시계는 시곗바늘이 눈금 사이로 회전하여 공간성을 보여줌으로써 여유를 준다. 디지털시계는 공간성을 없애버리고 1초 단위의 시간 흐름만을 수치로 알려줄 뿐이다. 아날로그시계는 시간의 연속적인 흐름을 보여주지만, 디지털시계는 분절적이고 불연속적으로 딱딱 끊어지는 정확한 수치만 보여줄 뿐이다. 정이 없다.

디지털은 편리함, 자동화, 정밀함, 그리고 빠른 속도가 있어서 여간 좋은 것이 아니다. 아날로그는 단순하고, 느리고, 몸의 노력을 필요로 한다. 그러나 그리움, 기다림, 사람 냄새 나는 정이 있다.

보라. 레코드판으로 음악을 듣는 것은 하드 드라이브에서 음악 파일을 꺼내 듣는 것보다 얼마나 불편한지 모른다. 그런데 매력이 있다.

레코드판이 꽂힌 서가에서 앨범을 고르고, 턴테이블 플래터에 레코드판을 올리고, 판 위에 카트리지(바늘)를 조심스레 내려놓는 행위. 그리고 음악이 흐르기 전, '지지직!' 하면서 잡음 소리만 나는 1초 동안의 침묵.

이 모든 과정에서 손과 발과 눈과 귀, 심지어는 레코드판에 쌓여 있는 먼지를 불어내기 위해 입김을 사용하기도 한다. 이렇듯 우리의 많은 감각을 동원하는 레코드판이 주는 경험에는 계량화할 수 없는 풍성함이 있다.

분명하다. 디지털만으로는 우리 삶을 온전히 꽃피울 수 없다. "아날로그는 구식, 디지털은 신식"이라고만 이분법으로 잘라 말하면 천하에 무식한 사람일 것이다.

아날로그가 이루지 못한 것을 디지털이 실현하는 경우가 많다. 4차 산업혁명은 3차 산업혁명에서부터 시작된 '디지털화'의 가속이고 모든 사물을 디지털로 초연결하는 혁명이다. 아날로그 방식으로 하면 시간과 비용과 노력이 많이 들지만, 디지털 방식으로 하면 모든 것이 절감되는 것이 사실이다.

그러나 여전히 디지털만으로는 할 수 없는, 그래서 아날로그가 함께하지 않으면 안 되는 것들이 많이 있다. 그러기에 이어령 교수는 디지털과 아날로그의 융합을 말하며 '디지로그'(digilog, 디지털 기술과 아날로그적 정서를 융합시키는 것)라고 했다.

만남도 디지털과 아날로그가 조화를 이루는 디지로그가 되어야 할 것이다. 우리는 클릭 하나로 지구촌 곳곳의 사람들과 대화할 수 있는 기적 같은 세상에서 산다. 그러나 디지털 '접속'(클릭)은 많지만, 아날로그 '접촉'(터치)이 적어진다면 반쪽짜리 소통일 것이다. 인터넷으로 멀리 있는 알래스카 사람과 소통한다면서 바로 옆에 있는 어머니와는 대화하지 않는다면 모순된 소통이다. '클릭 만남'과 '터치 만남'이 조화를 이루어야 한다.

아날로그 예찬을 하나 더 하자.

삶은 분명하지 않고 모호한 것이 많다. 아날로그적 생각은 애매모호함을 포용하는 사고방식이다. 모든 것이 확실한 디지털 세계에서는 좀처럼 상상의 나래가 펴지지 않는다. 아날로그적인 사람이 창의력과 풍성함이 가득하다.

아무리 빠르고 수려한 디지털 세상이라도, 달빛 아래 흥얼거리는 귀뚜라미의 노래는 아날로그다. 달팽이가 풀잎을 기어가는 속도도 아날로그고, 사람의 눈빛, 사람과 사람의 관계는 영원한 아날로그다.

그리스도인은 이 세상에 흐르고 있는 디지털 문화를 이해하고 효율적으로 사용해야 한다. 동시에 디지털 세계가 품지 못하는 사람 향기 가득한 아날로그적 감수성 및 주님 앞에 무릎 꿇는 아날로그적 신앙을 간직해야 할 것이다.

디지털 시대라고 해서 클릭 한 번으로 응답하시는 하나님이실까? 우리는 아날로그의 하나님, 성전 바닥에 엎드려, 때로는 산기도를 가서 몇 날 며칠 울고불고 통곡해야 만나주셨던 그 옛날의 불편해(?) 보이는 하나님을 붙들어야 한다.

우리 예수님은 새벽에 기도하셨다. 또한 십자가를 지기 전, 겟세마네 동산에서 밤을 새워 기도하셨다. 바울과 실라가 감옥에 갇혔을 때도 깊이 찬송하며 기도하였고, 많은 성도가 문제를 만났을 때 예배하고 찬송하고 기도하며 문제를 해결했다.

시대가 어떻게 변해도, 주님 앞에 무릎 꿇어 기도하는 원초적인 아날로그 신앙이 가장 힘이 있다.

> 새벽 아직도 밝기 전에 예수께서 일어나 나가 한적한 곳으로 가사 거기서 기도하시더니 막 1:35

윌리엄 헨리 데이비스 〈여유〉

여유와 여백이
있는 삶

이것을 인생이라 할 수 있겠는가, 걱정으로 가득 차
잠시 멈춰 서서 바라볼 시간도 없다면.

나뭇가지 아래에 서 있는 양과 소의 눈길에
펼쳐진 풍경을 차분히 바라볼 시간이 없다면.

숲을 지나면서 풀숲에 도토리를 숨기는
다람쥐들을 바라볼 시간도 없다면.

한낮에도 마치 밤하늘처럼 빛나는 별들을 가득 품은
시냇물을 바라볼 시간도 없다면.

(중략)

얼마나 가여운 인생인가, 근심으로 가득 차
잠시 멈춰 서서 바라볼 시간조차 없다면

웨일스의 시인이자 작가인 윌리엄 헨리 데이비스(William Henry Davies)의 〈Leisure〉라는 시다. 국내에는 여러 사람을 통해 〈여유〉 또는 〈가던 길 멈춰서〉 등의 제목으로 번역되었는데 여기서는 부족한 종의 번역으로 소개해보았다.

하나님은 다니엘을 통해 말세에 일어날 일들을 말씀하신다. 말세의 모습 중 하나가 이것이다.

…많은 사람이 빨리 왕래하며 지식이 더하리라 단 12:4

이 시대는 **빨리** 왕래하며 **빨리** 교류하는 속도의 시대다. 그러나 속도는 풍경을 죽이고 생각을 죽인다. 속도가 곧 성공이라고 여기는 세상에서, 자신이 어디로 가는지 영혼을 돌아보는 것을 '느림'이라고 하고 '여유'라고 하자.

시인은 가던 길을 멈추고 걱정도 멈추고 잠시 주위를 둘러보자고 한다. 나뭇가지 아래 서 있는 양이나 소처럼 물끄러미 풍경을 바라볼 틈만 있어도 충분하다. 다람쥐가 풀숲에 도토리를 숨기는 것이나, 별빛을 가득 품어 반짝이는 시냇물까지 보면 더욱 좋다.

아동문학가 박희순 님은 〈참 오래 걸렸다〉라는 시에서 "가던 길 잠시 멈추는 것"이 어려운 게 아니고, "잠시 발밑을 보는 것"이 시간 걸리는 게 아닌데 집 마당에 자라고 있는 애기똥풀을 알아보는 데 아홉 해나 걸렸다고 말한다.

별은 그대로 있는데 별을 보는 사람은 줄었다. 여유를 잃어버렸기 때문이다. 30퍼센트의 모자람을 100퍼센트로 만들 수 있는 것은 70퍼센트의 채움이 아닌, 마음의 여유다.

'어린 왕자'가 만난 네 번째 별의 사람은 쌓아 놓기만 하는 상인이었다. 그는 덧셈의 기쁨만 알았다. 이 상인은 세 가지 때문에 방해를 받는다고 했다. 풍뎅이의 요란한 소리, 신경통, 그리고 어린 왕자다.

쌓는 일 때문에 자기 몸 돌볼 시간도 없이 신경통에 걸렸다. 여유와 여백을 주는 풍뎅이 소리가 소음으로 들렸다. 순수와 꿈을 전해주는 어린 왕자도 시간을 빼앗는 귀찮은 존재일 뿐이었다. 그에게 잠시 멈춰 시를 읽는다든가 음악을 듣는다든가 사색에 잠길 비움 같은 것은 아예 없었다.

비움은 상실이 아니다. 피리는 속을 비워야 소리를 내듯이 큰 비움이 큰 울림을 낳는다. 덧셈이 '좋은 것'이라면 뺄셈은 '아름다움'과 '기적'을 불러온다. 잠시 멈춰 서는 쉼표는 내가 나에게 주는 최고의 휴식이다. 그 여유가 삶을 풍요롭게 한다.

카피라이터 정철은 한글 자음 열넷 중 여유와 웃음을 주는 마지막 '히읗'(ㅎ) 자를 예찬한다.

"남들 다 앞으로 보내고 자신은 맨 뒤에 서는 글자다. 여유다. 여유는 웃음을 낳는다. 그래서 우리는 히읗을 사용하여 하하호호 웃는다(중략).

행복도 히읗이고 희망도 히읗이다. 향기도 휴가도 히읗이고, 행운도 햇살도 히읗이다. 휘파람도 히읗이다. 너무 앞서가려 하지 말고 서툰 휘파람이라도 불며 여유 있게 가자. 행복도 희망도 행운도 여유에서 온다."[40]

예수님이 그러하셨다. 하늘의 능력을 펼친 제자들이 돌아와서 사역 보고를 하자, 예수님은 이들에게 "저기 고지가 또 있다!" 하며 재촉하지 않으시고, 이제 좀 쉬라고, 안식을 말씀하셨다.

이르시되 너희는 따로 한적한 곳에 가서 잠깐 쉬어라 하시니 이는 오고 가는 사람이 많아 음식 먹을 겨를도 없음이라 막 6:31

예수님은 사역에서도, 그리고 자신의 삶과 제자들을 양육하는 훈련에서도 누구보다 인간미 있는 여유와 여백이 있는 삶을 사셨다.
네티즌들 사이에 〈3초의 여유〉라는 향기로운 나눔이 있다.

엘리베이터를 탔을 때 '닫기'를 누르기 전 3초만 기다리세요. 정말 누군가 급하게 오고 있을지도 모르니까요(중략).
내 차 앞으로 끼어드는 차가 있으면 3초만 서서 기다려요.

그 사람 아내가 정말 아플지도 모르니까요(중략).
정말 화가 나서 참을 수 없는 때라도
3초만 고개를 들어 하늘을 보세요.
내가 화낼 일이 보잘것없지는 않은가.
차창으로 고개를 내밀다 한 아이와 눈이 마주쳤을 때
3초만 그 아이에게 손을 흔들어 주세요.
그 아이가 크면 분명 내 아이에게도 그리할 것이니까요….

그리스도인은 이 세상을 이기는 예리한 칼이 되기 위해 게으름을 벗고 실력을 길러야 한다. 그러나 예리하기만 한 칼날만 있다면 서슬 푸른 상처를 낸다. 철저한 자기 깨어짐, 겸손, 부드러운 여유, 자기 절제, 인내, 성실함, 건강한 유머 감각 등이 한 사람의 날카로운 실력, 곧 칼을 더욱 빛내주는 칼집이 된다. 여유는 칼집이다.

엘톤 츄르블러드 《그리스도의 유머》

웃음을 퍼뜨리는 자는 복이 있나니

"너희는 벼룩의 간을 빼먹는 법을 아느냐?"

"선생님, 어떻게 벼룩의 간을 빼먹습니까?"

"벼룩을 놀라게 해서 간이 콩알만 해질 때 빼먹으면 된다."

예수님이 이런 유머러스한 말을 하셨다면 믿겠는가?

우리가 일반적으로 생각하는 예수님은 웃지도 않고 미소도 없고 피곤과 고뇌로 가득 찬 모습이다. 그러나 기독교 철학자 엘톤 츄르블러드는 복음서에 나타난 예수님의 가르침을 분석하여, 예리한 풍자와 위트를 던지시는 예수님의 모습을 소개한다. 그러면서 웃으시고 농담도 하시는 새로운 그리스도의 이미지를 그려냈다.

한 번은 그가 마태복음 7장을 소리 내서 읽고 있는데, 예수님이 '눈 속의 들보'를 말씀하시는 대목에서 자신의 어린 아들이 웃음을 터뜨렸다고 한다. 그때 엘톤은 '아, 이 구절이 웃음을 자아내는 구절이구나!'라고 깨달았고, 이를 계기로 그리스도의 유머에 눈을 뜨게 되었다고 한다.

그뿐만이 아니다. 마태복음 7장 6절을 보면 "진주를 돼지 앞에 던지지 말라"라는 구절이 나온다. 진주와 돼지를 연결해 생각해보라. 말도 안 되는 이 연결은 우리에게 우스꽝스러운 상상을 불러일으키며 미소를 머금게 한다.

그리스도의 유머는 계속된다. 예수님은 당시 교만하고 오만한 바리새인과 서기관 같은 지도자들에 대해 생생하고 유머러스한 풍자와 위트로 급소를 찌르셨다. 하루살이는 걸러내고 낙타를 삼키는 자, 겉은 번지르르하지만 속은 죽은 뼈들로 가득 찬 회칠한 무덤들, 소경을 인도하려는 소경들, 회당과 거리에서 나팔을 부는 듯 과시하는 자들….

예수님이 이런 말씀들을 하셨을 때, 틀림없이 많은 사람이 속 시원해하며 씩 웃었을 것이다. 또한 "가시나무에서 포도를, 또는 엉겅퀴에서 무화과를 따겠느냐?"(마 7:16)라는 말씀을 듣고, 당시 땅을 경작하던 사람들은 '그렇지, 그렇지' 하며 웃음이 절로 났을 것이다.

상상해보자. 예수님의 이 유머러스한 말씀에 교만한 종교 지도자들은 붉으락푸르락했을 것이고, 고통받던 사람들은 아이스 아메리카노를 마신 듯 시원해했을 것이다.

예수님은 자신을 먼저 돌아보라며 이런 말씀을 하셨다.

> 어찌하여 형제의 눈 속에 있는 티는 보고 네 눈 속에 있는 들보는 깨닫지 못하느냐 … 외식하는 자여 먼저 네 눈 속에서 들보를 빼어라 그 후에야 밝히 보고 형제의 눈 속에서 티를 빼리라 마 7:3,5

사람의 눈에 들보가 박혀 있는 우스운 모습을 떠올리며 청중들은 웃음도 나오고 양심도 뜨끔하며, 웃을까 울까 망설였을 것이다.

이같이 예수님은 말놀이와 아이러니와 풍자의 대가셨다. 예수님이 비유로 말씀하신 이야기, 짧은 격언, 대화, 논쟁 등에는 수많은 유머가 섞여 있다.

엘톤 츄르블러드는 우리가 그리스도의 유머를 성경에서 발견하지 못하는 이유를 편견, 그리고 십자가의 비극성에 대한 지나친 강조에 젖어 있기 때문이라고 보고, 우리가 유머가 풍부하신 하나님을 안다면 하나님께 훨씬 더 친밀하게 다가갈 수 있다고 했다.

"그리스도는 농담을 한 번도 한 적이 없다는, 전혀 정당성이 없는 전제로부터 자유로워지기만 하면, 그의 말씀을 단순한 산문 정도로 보고 그냥 지나쳤던 수많은 예수의 가르침들이 … 보다 선명해진다. 어떤 경우에는 본문에서 예수님의 유머를 인정하는 것이 바른 해석학적 해결책이 된다. … 그리스도의 유머를 인정하는 것은 불필요할 정도로 지나친 근엄함으로부터 복음을 자유롭게 하는 과정이다."[41]

예수님은 참 넉넉하고 웃음을 몰고 다니는 분이셨다. 그분은 천국에서 큰 상급을 받을 사람을 가리켜 "지금 우는 자는 복이 있나니 너희가 웃을 것임이요"(눅 6:21)라고 말씀하셨다. 지금은 울지만 천국에서는 마음껏 웃을 것이라고.

바울 사도는 빌립보 성도들을 향한 인사의 첫머리에서, 그들을 위해 간구할 때마다 기쁨으로 간구한다고 했다. 그것이 하나님께서 바울 사도를 통해 보여주시는 하나님의 마음일 것이다.

간구할 때마다 너희 무리를 위하여 기쁨으로 항상 간구함은 빌 1:4

때로 우리는 눈물로 기도해야 한다. 그러나 기쁨으로 기도할 필요도 있다. 우리는 눈물의 기도를 많이 배웠지만, 기쁨의 기도도 배워야 한다. 하나님의 나라는 잔치와 축제요 기쁨의 나라이기 때문이다.

복음, 천국의 웃음과 기쁨

유머는 인공지능이 이해하기에는 어려운 인간의 독창적인 언어다. 많은 인공지능 전문가들은 "(인공지능이) 아재 개그처럼 동음이의어를 활용한 단순한 콘텐츠는 생성해낼 수 있겠지만, 실시간으로 진행되는 대화 상황에서 상대방의 어떤 말을 순발력 있게 포착하고 미묘하게 비틀어 웃음을 터뜨리는 감각은 요원한 일"[42]이라며 인공지능이 인간의 유머를 이해하는 것이 가장 어려운 일이라고 말한다.

2011년부터 코미디를 하는 로봇에 관한 연구가 진행되었다. 미국 오리건대학교는 사람이 어떤 상황에서 웃는지 등을 분석한 알고리즘을 개발하여 '로봇 존'(Jon the Robot)이라는 코미디 배우 콘셉트의 로봇을 시연했다. 그리고 최근의 챗GPT 또한 농담 기능을 선보이고 있다.

비록 완벽하지는 않지만, 인공지능이 유머를 어설프게나마 할 수 있다는 것은 기술 개발 그 이상의 의미를 함축하고 있다. 즉, AI가 사람을 더욱 이해하고 분석할 수 있게 되었다는 의미다. 그러나 사람마다 나라마다 웃음 포인트가 다르기에 AI가 모든 사람을 웃게 할 수는 없다. 유머는 아직은 인간의 고유 영역이다.

깊은 시인 이성복 교수도 위대한 예술가는 '진지함', '측은함' 그리고 '장난기'가 있어야 한다고 했다. 진지함, 측은함은 그런대로 이해하겠는데, 장난기가 있어야 한다니. 니체도《짜라투스트라는 이렇게 말했다》에서 "웃음이 따르지 않은 진리는 거짓이다"라고 했다.

유머는 하나님의 속성이고 우리에게 주신 비타민과 같은 선물이다. 우리에게 유머 감각이 있는 것은 하나님의 형상을 지닌 우리가 웃음을 좋아하시는 그분을 닮았기 때문이다.

고급 웃음이 점점 사라지고 저질스러운 유머가 가득해 가는 세상 속에서 건강한 유머는 호감을 주고, 신뢰를 높이고, 설득을 높여주며, 창조성을 향상시키고, 의사소통을 원활하게 하는 긍정의 에너지다.

〈톰 아저씨의 오두막〉을 쓴 해리엇 비처 스토 부인의 동생이기도 한 헨리 워드 비처(Henry Ward Beecher) 목사는 "유머 감각 없는 사람은 스프링 없는 마차와 같다"라고 말한 바 있다. 구름은 바람으로 움직인다. 사람은 사랑과 유머로 움직인다.

'복음(福音)'이란 좋은 소식, 기쁜 소식이라는 의미다. 기독교 신앙은 기쁨의 신앙이다. 그리스도인은 고난이 없어서 기뻐하는 것이 아니라, 눈에 보이는 모든 불의와 고난도 하나님의 섭리 안에 있다는 것을 믿기에 기뻐할 수 있다.

예수님은 기쁜 소식을 기쁜 말로 전하셨고, 그 기쁜 말씀을 들은 우리도 기쁜 사람이 되어 생명의 웃음을 전파하는 사람으로 살 수 있다.

천국의 웃음을 전파하는 사람은 복이 있나니! 할렐루야!

허태수 《이 세상 모든 것은 사랑이 만든다》

오늘이
그날이에요

    허태수 목사(성암감리교회)의 에세이 《이 세상 모든 것은 사랑이 만든다》에는 향기로운 이야기가 나온다.

    한 초등학교에서 있었던 일이다. 아직 '생활 조사'라는 것을 하고 있던 시절, '1주일에 몇 번 외식을 하는가?'라는 질문이 있었다. 많은 아이가 1주일에 1번 한다고 손을 들었고, 2번 한다는 아이도 서너 명 있었다. 나머지 아이들은 2주에 1번, 혹은 1달에 1번 정도로 손을 들었다.

    그런데 끝까지 손을 들지 않고 있는 아이가 있었다. 얼굴엔 미소를 가득 머금고 말이다. 선생님이 그 아이에게 "너는 왜 손을 들지 않니? 매일 식당에 가니?"라고 묻자 아이가 말했다.

    "1년에 딱 한 번 외식을 해요."

    그런데 왜 즐거운 얼굴인지 궁금해진 선생님은 다시 물었다.

"그런데 뭐가 좋아서 그렇게 웃고 있는 거니?"

그러자 그 아이는 이렇게 대답했다.

"오늘이 바로 그날이에요!"

그 아이가 오늘 칼국수를 먹든지, 짜장면을 먹든지, 아니면 돼지갈비를 먹든지, 주께서 그 아이의 식탁을 고운 햇살로 축복하셨으면 좋겠다. 남산을 갓 넘어온 가을바람을 섞어 주셨으면 좋겠다.

카피라이터 박웅현은 자신의 저서 《책은 도끼다》에서 이런 질문을 던진다. '무시로 해외여행을 다닐 수 있고, 매일 로열 캐리비언 크루즈를 탈 수 있고, 루브르 박물관에 가면 "야, 빨리빨리 와, 찍어, 가자" 하는 사람'과 '십 년 동안 돈을 모아 간 5박 6일간의 파리 여행에서 휘슬러의 〈화가의 어머니〉라는 그림 앞에서 얼어붙어서 사십 분간 발을 떼지 못한 채 소름이 돋은 사람' 중에서 누가 더 풍요롭게 생을 마감하겠느냐고.

콩나물값 아껴 알뜰살뜰 모아온 돈과 시간과 마음을 써서 휘슬러의 〈화가의 어머니〉 앞에 얼어붙은, 오늘이 그날인 당신을 축복한다.

처음 종이접기를 배워 오늘 종이비행기를 날리는 아이,

오늘 사랑하는 사람에게 고백을 받아 두근두근 인생을 시작한 당신,

이샅고샅 모아온 적금을 타서 오늘 내 집에 입주하는 당신,

마비된 몸이건만 새끼손가락 하나가 움직이는 기적 같은 오늘을 맞은 당신,

오늘 첫 출근 하는 자식의 넥타이를 매어주는 당신.

오늘이 그날인 당신을 축복한다.

대문호 톨스토이는 매일 쓰는 일기의 첫마디를 이렇게 적었다고 한다.

"오늘도 나는 살아있다."

'오늘을 그날처럼' 사는 사람은 복된 사람이다.

사랑하기 좋은 날은, 비가 오거나 눈이 오거나 해가 뜨거나 구름이 끼거나 바람이 불거나 하는 날이다. 이런 날은 1년에 365일 있다. 오늘이 그 날이다. 오늘이 꽃자리이고, 오늘 느낌이 꽃느낌이다.

오늘이 지나면 다시 만날 수 없는 것이 '오늘'이다. 주님과 동행하는 하루하루는 매일이 1일이다. 매일 오늘이 첫날이다. 주님의 은혜로 오늘을 그날같이 살아가는 그대를 축복한다.

···보라 지금은 은혜받을 만한 때요 보라 지금은 구원의 날이로다 고후 6:2

드니 데르쿠르 〈페이지 터너〉

작은 그녀를
무시하지 말라

    피아노 독주회를 할 때 무대에는 피아니스트만 있는 것이 아니다. 연주자 옆에는 가장 적절한 타이밍에 악보를 넘겨주는 사람이 있는데 그 사람을 '페이지 터너'(Page-Turner)라고 부른다.

    비록 넉넉하지 않은 집안이었지만, 멜라니는 피아니스트를 꿈꾸며 유명 음악학교에 입학하기 위해 최선을 다한다. 그런데 입학 시험장에서 심사위원장인 아리안이 시험 도중에 팬에게 사인해주고, 이에 정신이 산만해진 멜라니는 시험에 떨어진다. 그리곤 피아니스트의 꿈을 접는다.

    10년이 지났다. 멜라니는 아리안의 남편 회사에 인턴으로 취직하고, 이것을 인연으로 아리안의 아들을 돌보는 가정교사가 되어 아리안의 집으로 들어가게 된다. 그러나 아리안은 멜라니를 전혀 기억하지 못하고, 오히려 그녀에게 자신의 연주회에서 악보 넘기는 일을 부탁한다.

멜라니는 '페이지 터너'의 일을 완벽하게 수행하며, 아리안의 든든한 보조자로 인정받는다. 그러나 이 모든 과정은 자신의 삶을 망친 아리안에 대한 복수의 시작이었다.

아리안은 교통사고 후 신경이 매우 예민해진다. 그래서 멜라니에게 더욱 의지해서 무대에 서게 된다. 아리안이 멜라니를 철저하게 믿고 의지하는 정점에서, 멜라니는 아리안의 무대에 서지 않는다. 아리안은 연주를 망치고, 가정도 파탄이 나고, 멜라니는 아리안의 곁을 떠난다.

영화 〈페이지 터너〉의 중심에는 구(舊)소련 출신의 전설적인 미국의 피아니스트 블라디미르 호로비츠의 말이 흐르고 있다.

"악보를 넘기는 사람이 연주 전체를 망칠 수 있다!"

페이지 터너는 화려한 옷을 입어서는 안 되고, 악보를 넘길 때 연주자를 건드리거나 가리면 안 된다. 가장 적절한 타이밍에 악보를 넘겨주어야 하며, 두 장을 넘겨서도 안 되고, 정확하게 한 장을 넘겨주어야 한다. 악보를 넘길 때 소리를 내서도 안 된다.

연주가 끝났을 때, 연주자는 우레와 같은 환호를 받지만, 페이지 터너는 박수를 받지 못한다. 이렇듯 페이지 터너는 있으나 없는 듯한 존재다.

없는 듯한 존재, 그러나 꼭 있어야 하는 존재!

이 세상은 그런 존재가 신실하게 자신의 역할을 다하기에 아름다운 것이다. 꽃만이 아름다운 것은 아니다. 오히려 자신의 몸을 썩혀 한 줌 거름이 된 풀들에게서 더 고귀한 아름다움을 느끼게 된다. 세상이 이토록 꽃 같은 것은, 꽃으로 살다 간 사람보다는 거름으로 살다간 사람이 더 많았기 때문일 것이다.

심사위원장이었던 아리안에게 시험을 보고 있는 멜라니는 그저 그런 존재였다. 그래서 시험 중인데도 무심하게 팬 사인을 해주며 그녀의 꿈을 무너뜨렸다. 그렇듯 냉랭한 권세자로서 페이지 터너를 소홀히 여겼던 아리안은 몰락한다.

페이지 터너와 같이 스쳐 지나갈 수도 있는 약한 관계의 사람들이 인생의 터닝 포인트를 제공해주는 경우가 가족이나 친구처럼 끈끈한 관계의 사람들이 중요한 기회를 제공해주는 경우보다 훨씬 더 많다. 이를 '약한 관계 효과'(Weak Link Effect)라고 한다.

만남의 범위가 가족이나 친한 친구 정도인 사람이 많다. 이런 '강한 관계'에서는 대체로 정보와 인맥이 중첩되는 경우가 많다. 반면, 스쳐 가는 사람이나 낯선 사람과의 '약한 관계'가 다른 세계로 통하는 다리가 되거나 새로운 기회의 통로 역할을 하는 경우가 많다.

그러므로 스쳐 지나갈 수 있는 사람들에 대한 태도가 중요하다. 낯선 이에게 친절하고, 약한 관계의 인연을 소홀히 여기지 말아야 한다. 그들은 변장한 천사일지도 모른다.

아브라함은 평범한 이웃, 지나가는 평범한 나그네를 잘 대접했다. 그런데 알고 보니 그들이 하나님과 천사였다. 그로 인해 아브라함은 주의 크나큰 복을 받는다.

그간 우리가 모르는 중에 하나님이 보내신 수많은 천사와의 만남이 있었다. 그 만남에 대한 태도가 오늘의 나를 있게 했다. '강한 관계' 뿐만 아니라 '약한 관계'에도 신실해야 하는 중요한 이유다.

손님 대접하기를 잊지 말라 이로써 부지중에 천사들을 대접한 이들이 있었느니라 히 13:2

세상에는 우뚝 선 나무보다 덤불과 풀이 더 많고, 선장보다는 선원이 더 많고, 고속도로보다는 오솔길이 더 많다. 그리고 큰 사람보다 작은 사람들이 더 많다. 모두 페이지 터너 같은 사람들이다. 예수님은 이렇게 작은 자들, 병들고 상한 자들, 심지어는 죄인들까지도 소중히 여기셨다. 그러하기에 오늘의 우리가 있다.

모든 세리와 죄인들이 말씀을 들으러 가까이 나아오니 눅 15:1

빌 헨더슨, 앙드레 버나드 **《악평》**

악평을 이겨야
호평이 온다

    수많은 세계적 명저들이 시대와 지역을 넘어 많은 사람에게 감동을 주고 사랑받고 있지만, 그렇다고 이 작품들이 다 출판되자마자 환영과 칭송을 받은 것은 아니었다. 《악평》(부제: 퇴짜 맞은 명저들)이라는 책에는 출판 당시 여러 이유로 악평(惡評)을 받았던 명저들의 이야기가 나온다.

    셰익스피어의 《햄릿》은 "조야하고 야만적인 작품이다. 프랑스나 이탈리아에서라면 아무리 상스러운 사람들이라도 참아내지 못했을 것이다 … 어떤 술 취한 야만인이 쓴 작품이라고 생각했을 것"[43]이라는 악평을 받았다.

    톨스토이의 《안나 카레니나》도 "감상적인 쓰레기 … 단 한 페이지라도 사상이라 할 만한 것을 담고 있는 곳이 있다면 내게 보여주시라"[44]라는 악평의 도마 위에 올랐다.

그 유명한 〈황무지〉라는 시를 발표했을 때 T.S 엘리엇은 "엘리엇 씨는 자신이 이따금씩 제대로 된 무운시(無韻詩)를 쓸 수 있음을 보여주었다. 그러나 그게 전부다. 그 밖에는 수많은 인용과 패러디와 모방일 뿐인데, 패러디는 값싸고 모방은 수준이 떨어진다"[45]라는 조롱을 받았다.

어네스트 헤밍웨이의 《누구를 위하여 종은 울리나》는 발간 다음 해, "지난 3년 동안 나온 미국 소설들 중에서 앞으로 오랫동안, 적어도 50년 혹은 1백 년 이상 살아남을 것"이라는 심사 위원회의 평을 받으며 리미티드 에디션스 클럽의 금메달을 받았다.

하지만 세간에는 "미국 독자들이 이 책을 사는 데 쓴 돈은 작게 잡더라도 1백만 달러 정도 될 것이다. 그 돈으로 독자들이 얻은 것이라고는 34페이지 정도에 불과하고, 그 대목만이 가치를 지닌다. 이 34페이지는 스페인 내전 초기 어느 작은 마을에서 벌어진 대량 살상을 묘사한 부분이다 … 헤밍웨이 씨, 그 살상 장면만 따로 출간해 주시오. 그리고 '누구를 위하여 종은 울리나'는 잊어버리시오. 스페인 내전 이야기라면 말로(Marlaux)에게 맡겨두시오"[46]라는 악평도 있었다.

에밀리 브론테의 《폭풍의 언덕》도 발표 직후에는 야만적이고 기묘한 작품이라는 평을 들었고, "여기서는 (샬럿 브론테의) '제인 에어(Jane Eyre)'의 과오가 천 배는 더 중하게 되풀이되고 있다. 그와 관련해서 우리에게 유일하게 위로가 될 만한 것은 이 책이 그다지 읽히지는 않으리라는 사실뿐이다"[47]라는 악평과 함께 대중에 외면당했다.

그 밖에 펄 벅의 《대지》, 마크 트웨인의 《허클베리 핀의 모험》, 윌리엄 골딩의 《파리 대왕》 같은 대작(大作)들도 한없이 얻어맞았다.

악평을 받은 이유도 다양하다. 어떤 책은 시대를 너무 앞서가서, 어떤 책은 비평가와 사이가 안 좋아서, 어떤 책은 명저를 알아보지 못한 출판사와 언론사의 어리석음 때문에….

'비틀스'(Beatles)는 세계 대중 음악사상 가장 위대하고 가장 많은 사랑을 받은 그룹 중 하나다. 그러나 그들은 전문가들로부터 "시대에 뒤떨어진 음악"이라는 악평을 들으며 무려 49번이나 오디션에서 떨어졌다.

조선 초기의 문장가 성현(成俔)은 그의 수필집 《용재총화》(慵齋叢話)에서 기라성 같은 최치원, 김부식, 정지상, 이규보, 이인로, 정몽주, 정도전, 신숙주, 성삼문, 강희맹 등 역대 우리나라 명문장가들을 거명하며 이들 문장의 장단점을 하나하나 평한다.

그는 최치원(崔致遠)을 가리켜 "비록 시구에는 능하지만 뜻이 정밀하지 못하고, 사륙문(四六文)에 뛰어나지만 말이 정돈되지 못했"다고 평가했다.

또한 김부식(金富軾)에 대해서는 풍부하지만 화려하지 않고, 정지상(鄭知常)은 화려하지만 드날리지 못했다고 평했다. 다른 이들에 대해서도 "이규보(李奎報)는 자유자재로 구사하지만 수렴하지 못했고, 이인로(李仁老)는 정련되었으나 펼치지 못했으며 … 정도

전(鄭道傳)은 장대하지만 단속(團束)하지 못했다"⁴⁸라며, 그 이름도 찬란한 이들 중에 완벽한 문장을 쓴 사람은 없었다고 평했다.

사람은 그 누구도 완벽하지 않으며, 사람이 만든 작품 또한 완벽하지 않다. 그렇기에 당연히 악평이 나올 수밖에 없다.

누구의 평가인가가 중요하다

어느 마을에 당나귀 한 마리가 우물에 빠졌다. 울부짖는 당나귀를 구할 도리가 없었던 그 주인은 마침 당나귀도 늙었고 우물도 쓸모없던 터라 당나귀를 단념하기로 했다. 주인인 농부와 동네 사람들은 당나귀와 우물을 파묻기 위해 흙을 파서 우물을 메워 갔다. 당나귀는 더욱더 울부짖었다.

시간이 조금 지나자 당나귀의 울음소리가 들리지 않았다. 이제 죽었나 하고 사람들이 우물 속을 들여다보니 놀라운 상황이 벌어지고 있었다. 당나귀는 자기를 파묻기 위해 던져진 흙을 털어 바닥에 떨어뜨리며, 그렇게 발밑에 쌓인 흙더미를 타고 점점 높이 올라오고 있었다. 나를 파묻기 위해 던진 흙을 밟고 일어서는 것이었다.

악평을 들을 때, 이것들을 명심하자.

- **무플**(댓글이 없는 무반응)보다는 **악플**(부정적 댓글 또는 반응)이 낫다
- 완벽한 사람은 없기에 누구든 비평을 받는다

- 악평자에 통쾌한 복수는 악평을 딛고 성공하는 것이다
- '하나님의 평가'가 가장 중요하다(가장 중요하다!)

사람들은 하나님의 아들인 예수님이 베푸시는 이적을 보고도 "귀신의 왕을 의지하여 귀신을 쫓아낸다"(마 9:34)라고 악평했다. 그뿐만 아니라 예수님은 십자가에서 악평과는 비교할 수도 없는 정죄와 저주를 다 받으셨다.

복음을 전하는 바울을 향해 유대인들은 "천하를 어지럽게 하는 자"(행 17:6)라고 악평했다. 바울을 고발한 고발단의 변호사 더둘로는 바울을 송사하며 "우리가 보니 이 사람은 전염병 같은 자라 천하에 흩어진 유대인을 다 소요하게 하는 자요 나사렛 이단의 우두머리라"(행 24:5)라고 말했다.

이들의 악평이 다 옳은 것인가?

사람들의 평가 앞에 분명 우리는 겸손히 자신을 돌아보아야 한다. 그러나 동시에 초연해야 한다. 우리 삶의 평가는 오직 하나님만이 온전히 하실 수 있다.

> 너희에게나 다른 사람에게나 판단 받는 것이 내게는 매우 작은 일이라 나도 나를 판단하지 아니하노니 내가 자책할 아무것도 깨닫지 못하나 이로 말미암아 의롭다 함을 얻지 못하노라 다만 나를 심판하실 이는 주시니라 고전 4:3,4

사도 바울은 다른 사람들의 판단이 작은 일이라고 이야기한다. 사람들 판단에 연연하지 않는다는 것이다. 하나님의 판단이 중요하다. 사람들이 아무리 영웅이라 하고 성공했다고 칭송해도 하나님이 악한 자로 평가하시면 아무 소용이 없다.

우리를 향한 주님의 평가 기준은 '영웅이 되었느냐, 성공했느냐'가 아니라 '주께서 내게 하라고 하신 그 일을 이루며 살았는가'다.

오늘도 악평은 계속된다. 악평에 대한 이행시는 이렇다.

'악'마의 노래를 그대가 불러도,
'평'화의 노래로 바꾸리라.

정창권 《거리의 이야기꾼 전기수》

얼마나 설교를 잘하기에
칼에 찔리는가

    1790년 8월 10일, 종로의 한 담배 가게 앞에서 느닷없는 살인 사건이 벌어진다. 어느 날 정조는 규장각에 있는 이덕무를 불러 이 살인사건에 대해 들려주었다. 종로의 담배 가게 앞에서 어떤 전기수가 《임경업전》을 낭독하고 있는데, 간신 김자점이 임경업에게 누명을 씌워 죽이는 대목에 이르자 갑자기 한 남자가 담배 써는 칼을 들고 뛰어나와서는 "네가 그 김자점이냐?" 하며 전기수를 찔러 죽였다는 것이다. 이게 대체 무슨 일인가?

    김홍도가 그린 풍속화를 보면 시골 사랑방에서 목청 좋아 보이는 한 사람이 마을 사람들 앞에서 부채를 부치며 책을 읽는 장면이 있다. 바로 전기수에 관한 그림이다. '전기수'(傳奇叟)는 조선 후기에 나타난 이야기꾼으로, 한자의 뜻을 풀이하면 '기이한 이야기를 전해주는 노인'이다.

18-19세기의 조선 후기는 영조와 정조의 선정으로 문예 부흥이 일어나던 시대였다. 눈부신 사회 발전과 서학의 확산, 실학사상의 대두로 변화와 성장이 일어나면서, 글을 모르던 평민에게도 문화 향유의 열망이 커지고 있었다.

이런 가운데 평민들 뿐 아니라 궁중에서도 소설을 읽을 만큼 소설 읽는 문화가 유행처럼 퍼져 있었다. 바로 이런 소설의 시대, 사람이 많이 모인 곳이면 전기수는 어김없이 나타나 관중을 쥐락펴락하는 신통한 재주로 실감 나게 책을 읽어주었다.

전기수는 소설뿐만 아니라 구전으로 전해오는 옛날이야기도 들려주었다. 사랑방뿐만 아니라 저잣거리나 시장 한복판에서 사람들을 모아놓고 소설을 낭독했기 때문에 이들을 다른 말로 강독사(講讀師)라고도 불렀다.

서울 곳곳을 돌며 정기 낭독을 하던 이도 있었고, 여장(女裝)을 하고 부잣집에 불려가 책을 읽어주는 이도 있었다. 재상가의 부름을 받고 소설을 읽어주는 '방문형' 전기수도 있었다.

이들은 많은 사람이 들락거리는 담배 가게나 활터, 약국 같은 곳을 주요 활동 무대로 삼았다. 서울에서는 종로 일대로 오늘날의 보신각에서 종로 6가 사이였고, 한양뿐만 아니라 전국 각지 사람의 왕래가 많은 곳에 자리를 펴고 입담을 풀었다.

실력 좋은 전기수들은 슈퍼스타 대접을 받았고 돈벌이도 좋았다. 김호주 같은 인물은 수년간 전기수로 일해 모은 돈으로 집을 샀을 정도라고 한다.

청중들은 영웅의 활약상을 담은 소설을 가장 좋아했다. 청중의 마음과 생각을 읽을 줄 알았던 전기수는 당시 대중과 가깝게 교류했던 소통의 달인이자 만능 엔터테이너(entertainer)였다. 연희거리가 별로 없던 시절에, 사람들은 전기수의 이야기를 들으면서 울고 웃으며 위로를 받고 즐거워했다.

전기수는 번화가 모퉁이에 사람들을 모아놓고 이야기 속 인물들을 1인 다역으로 연기하면서 청중을 쥐락펴락했다. 책을 읽다가 가장 긴요한 대목에 이르면 문득 소리를 멈춘다. 그러면 청중이 그다음 대목이 궁금해 서로 다투어 돈을 던진다.

그 연기력이며 낭송 실력이 얼마나 좋았는지, 소설 속의 인물을 연기하는 전기수를 실제 인물로 착각하면서 칼로 찌르는 일까지 일어난 것이다. 칼을 맞을 정도로 실감이 났고 공감이 있었던 것이다.

전기수와 같이 자기 일에 영혼을 실어 일할 때, 그것이 이웃을 섬기고 축복하는 좋은 길이다. 그것이 우리 삶을 '삶의 예배', 즉 거룩한 산 제사로 드리는 것이다.

가령 빵 만드는 직업을 가진 그리스도인이 주일날 신령과 진정으로 예배를 드렸다면 다음 한 주간 동안 그 어떤 제빵사보다도 더 정성스럽게 빵을 만드는 것이 진정한 산 예배다.

하나님을 믿지 않는 사람들에게서 '역시 그리스도인이 일하면 달라!' 하는 감동이 일어날 때가 바로 전도의 시작이다.

시인은 한 사물을 표현하는 데 있어, 우주에 하나밖에 없는 한 단어를 기어코 찾아내 자기의 영혼을 실어 시를 쓴다. 이 세상 어떤 꽃도 불성실하게 피는 꽃은 없다. 며칠 피었다가 곧 낙화(落花)할 줄 알면서도, 저마다 혼신의 열정을 다해 피느라 꽃은 저토록 아름답다.

이 세상 바람이 모두 곧 허무하게 사라져버리지만, 온 힘을 다해 불어 바다와 강과 대지를 울렁거리게 한다. 신실한 그리스도인은 꽃과 바람보다도 더욱 자신의 일에 영혼을 실어 이웃을 축복한다.

설교도 그래야 하지 않을까. 목회자로서 전기수 이야기를 듣고 '예배도 그렇게 실감 나고 공감 있게 드리면 얼마나 좋을까' 하는 생각을 했다.

예배가 드려지는 순간, 푸른 초장 쉴 만한 물가가 나타나고, 하늘 보좌에서 찬양하는 천군 천사의 노래가 들리고, 눈물을 닦아주는 주님의 따뜻한 손길이 느껴지는 그런 예배.

마치 천국의 현장에 와 있는 듯한 실감 나는 예배.

세상과 나도 간 곳 없고 구속한 주님만 보이는 예배.

인공지능으로는 결코 느낄 수 없는, 영성·지성·감성이 모두 충만한 은혜의 예배.

그런 예배를 인도하고 싶다.

예수님의 설교는 당시 종교 지도자들의 설교와 달랐다.

예수께서 이 말씀을 마치시매 무리들이 그의 가르치심에 놀라니 이는 그 가르치시는 것이 권위 있는 자와 같고 그들의 서기관들과 같지 아니함일러라 마 7:28,29

사람들은 예수님의 설교에 놀라고, 감동을 받았다. 예수님의 설교는 그 뿌리가 '하늘에 닿아' 있었기에 달랐다. 그리고 너무나 친숙하고 공감 있는 '땅의 언어'를 사용하시며 우리를 이해하시고 안아주셨기에 달랐다.

하늘에 닿은 영성, 땅의 마음을 이해하고 사랑하는 공감성. 혼돈스러운 세상 속에서 그런 설교를 하고 싶어 늘 고개 숙여 기도한다.

정명섭 《조선직업실록》

직업을 통해
이웃을 축복하라

《조선직업실록》은 《조선왕조실록》을 비롯해 당대 여러 문헌 속에서 발견한, 조선 시대의 특이한 직업 스물한 가지를 소개하고 있다. 이 직업들은 조선 시대의 생활상, 시대적 필요와 애환을 보여주면서, 오늘날에는 없어져 존재하지 않거나 다른 모습으로 이어지고 있다.

이 직업들은 세 가지로 분류되어 있다.

첫째는 나라의 필요에 의한 공무원 같은 직업이다. 대부분 목조건물이어서 화재에 취약했던 조선의 소방대 멸화군, 북쪽으로 전진하고 싶었던 조선 초기에 007 같은 첩보원인 체탐인, 사우나를 운영하는 한증승, 시체를 묻는 매골승, 여형사 다모, 남자 대장금 숙수, 매 잡는 공무원 시파치, 시신을 검시하던 오작인 등이 있다.

둘째는 특이한 '자영업'들이다. 선조 때 잠시 민간에서 신문을 발행했던 기인, 변호사 역할을 했던 외지부, 상인과 소비자를 이어준 이른바 삐끼의 원조인 여리꾼, 재미있는 이야기를 들려주면서 생계를 이어간 전기수, 재담꾼 등이 그들이다.

셋째는 생계를 위해 무엇이든 해야 했던 사람들의 직업이다. 대신 울어주는 곡비, 매를 대신 맞아주는 매품팔이, 과거시험에서 자리를 잡아주고 글도 대신 써주는, 조선 후기 과거시험의 타락상을 보여주는 거벽과 사수 그리고 선접꾼, 양반들이 고용한 노비 사냥꾼인 추노객 등이다.

산을 이루는 것은 정상이 아니라 비탈길이다. 조선은, 아니 한 나라는 왕과 재상들과 장군들의 나라가 아니다. 이름 모를 백성들이 각자의 일을 신실하게 수행했기에 이루어진 것이다.

작은 그림들이 만드는 큰 그림인 카드섹션을 보라. 작은 그림 하나하나는 초라하거나, 때론 의미 없어 보이는 낙서 같다. 그러나 작은 한 장 한 장이 자리를 비우면, 큰 그림은 일그러진다. 우리 모두 작은 그림으로 태어났고, 작은 그림으로 세상의 큰 아름다움에 기여한다. 그리하여 작은 것은 작지 않다. 작은 것은 작은 것대로 크고, 작은 것에는 하나님의 아름다움과 무한이 들어있다.

직업은 생계의 수단이자 자기완성의 길이며, 동시에 이웃을 섬기는 일이다. 죄를 짓게 하는 악한 직업이 아닌 한, 모든 직업은 하나님이 주신 거룩한 소명이다. 그러하기에 아무리 작은 일이라도 가슴에 마음과 영혼을 담아야 한다. 아니 더 나아가, 주께 하듯 해야 한다. 그래서 성경은 이렇게 말씀한다.

> 무슨 일을 하든지 마음을 다하여 주께 하듯 하고 사람에게 하듯 하지 말라 골 3:23

인공지능의 등장으로 사라질 직업들과 새로 생길 직업들에 대한 논란이 한창이다. 어느 직업 속에 있든지 주께 하듯 일할 때 하나님의 나라가 그곳에 임한다.

풀피리를 가지고도 주님이 지으신 광대한 우주를 연주할 수 있고, 몽당연필로도 아름다운 시를 쓸 수 있다. 나의 작은 직업을 가지고 세상을 아름답게 할 수 있다.

연암 박지원은 그의 소설 《예덕선생전》에서 '덕이 있는 선생'이라는 의미로 '예덕 선생'이라고 칭송한 직업 하나를 소개한다. 바로 '똥 장수'라고 일컬어지던 분뇨처리업자. 연암은 더러움 속에서 묵묵히 신실하게 자신의 일을 하던 분뇨처리업자를 속세의 은자라고 보았다. 이렇듯 작은 일들이 이 세상을 지탱하고 있다. 그 작은 일을 주께 하듯 신실하게 행하는 사람들이 이 세상의 진정한 영웅이다.

꽃을 팔면서 "나는 설렘을 선물하고 있다"라고 말하는 사람이 있다. 우유 배달을 하면서 "사람들에게 건강을 선물하고 있다"라는 사람이 있다. 도서관에서 일하면서 "사람들에게 지혜를 선물하는 일을 하고 있다"라고 하는 사람이 있다. 반면, 똑같은 일을 하면서도 "먹고살려니 할 수 없이 하는 거지"라고 말하는 사람이 있다.

독일의 사회과학자 막스 베버가 불후의 명저 《프로테스탄트 윤리와 자본주의 정신》에서 주장한 바가 바로 이런 것이다. 청교도들은 모든 직업을 소명으로 생각해서 주께 하듯 일했고, 돈의 주인은 내가 아니고 하나님이시기에 번 돈을 낭비하지 않고 절약하고 저축했다. 베버는 바로 이런 정신이 근대적 자본주의의 발전을 초래했다고 말했다.

노동은 창세기에서부터 하나님이 명령하신 신성한 일이다.

여호와 하나님이 그 사람을 이끌어 에덴동산에 두어 그것을 경작하며 지키게 하시고 창 2:15

인간의 타락은 신성하고 즐거운 노동을 괴로운 일로 변질시켰다. 그리스도 안에서 새로운 피조물이 된 성도들은 더 이상 괴롭게 일해서는 안 된다. 즐겁게 찬양하며 일해야 한다. 성도는 복의 통로가 되어야 한다. 복의 통로가 되어 이웃을 축복하는 가장 일반적인 것이 바로 '일을 통한 축복'이다. 따라서 주께 하듯 일하며 이웃을 축복해야 한다.

김새별 《떠난 후에 남겨진 것들》

어느 유품정리사의 고백

"마음이 아파서 유품을 정리하지 못하겠습니다."

몸이 아프신 어머니가 자식들에게 아픈 걸 숨기며 투병 생활을 하셨는데 결국 병간호에 지친 아버지가 먼저 돌아가시고 어머니까지 돌아가셨다. 자식들이 고인의 유품을 정리하려고 했는데, 너무 마음이 아파서 못하겠다고 연락을 해왔다.

장례지도사 김새별 씨는 그날 이후 유품정리사가 되었다. '유품정리사'는 고인이 쓰시던 생활용품부터 가구나 벽지 장판까지 모두 청소하고 제거하는 일을 한다. 유품정리사가 된 김새별 씨의 책 《떠난 후에 남겨진 것들》에는 가슴 뭉클한 이야기들이 많이 나온다.

겨울에 반지하 방에서 50대 남성이 사망했다. 의뢰를 받고 현장에 가서 유품을 정리하는 도중에 손바닥만 한 노트를 하나 발견했다. '죽기 전에 하고 싶은 일 열 가지'라는 메모가 적혀 있었다. 'TV에 소개된 맛집 가보기', '친구들에게 연락해서 목소리 듣기'… 그리고 마지막은 '시집가는 딸아이 눈에 담기'였다.

그의 외동딸은 독일에서 유학 중이었다. 딸은 아버지가 간암이라는 사실을 전혀 몰랐다. 딸을 생각한 아버지가 끝까지 숨기고 그 딸을 눈과 가슴에 담으며 숨을 거둔 것이다.

유품 정리를 하다 보면, 외로운 죽음들에는 공통점이 있다고 한다. 대부분 경제적 어려움에 처했거나, 가족이나 이웃과 단절되어 살아갔던 이들이라고 한다. 더 안타까운 건, 그분들의 유품에는 사진이나 쪽지들이 많았는데, 가족들을 많이 그리워했다는 것이다. 그분들에게는 경제적 도움이나 위로보다도 작은 관심, 따뜻한 말 한마디가 필요했던 것이다.

김새별 씨는 유품 정리의 경험을 토대로 아름다운 마무리를 위해 몇 가지 수칙을 당부한다. 우선, 삶의 질서를 세우기 위해 정리를 습관화하라는 것이다. 가족에게 병을 숨기지 말며, 직접 하기 힘든 말은 글로 적으라 한다. 중요한 물건은 찾기 쉬운 곳에 보관하고, 자기가 가진 것들은 충분히 사용하라고 한다. 누구 때문이 아니라 자신을 위한 삶을 살고, 결국 마지막에 남는 것은 사랑했던 사람과의 추억이므로 아름다운 추억을 많이 만들라고 한다.[49]

우리는 죽음 앞에 선 존재들이다. 하나님은 지상에서의 우리 삶이 끝날 날이 있고, 삶에 대한 결산의 날이 있다고 말씀하신다. 삶을 결산하는 날이 있다는 것을 늘 인식하면서 살 때, 우리는 삶에 대해 더욱 진지해지고, 헛된 것을 추구하지 않고 생명의 삶을 살게 된다.

웰빙(well being)은 웰다잉(well dying) 속에서 나온다. 카르페 디엠(carpe diem, 현재 이 순간에 충실하라)은 메멘토 모리(memento mori, 죽음을 기억하라) 속에서 나온다.

불멸의 꿈을 꾸는 사람들

그런데 죽음과 소멸 앞에서 인간의 한계를 실감하던 사람들이 과학기술의 혁명적 발전을 통해 새로운 상상을 하고 꿈을 꾸기 시작했다. 사람들은 단순한 노화 방지와 생명 연장에서 더 나아가 불멸의 꿈을 꾸기도 하면서, 지상에서의 지속적인 생명과 행복을 추구하는 방향으로 변하고 있다.

유발 하라리는 《호모 데우스》에서 기아와 질병과 전쟁을 상대로 싸우던 인류가 이제 죽음을 상대로 싸움을 벌이고 신성을 획득하려고 노력할 것이라고 예견했다.

"21세기의 인간은 불멸에 진지하게 도전할 것이다. 노화와 죽음과의 싸움은 인간이 그동안 해온 기아와 질병과의 싸움을 계속 이어가는 것이고, 이 시대의 문화가 지고의 가치로 여기는 인간 생명의 가치를 증명하는 일이다. … 현대인에게 죽음은 해결할 수 있고 해결해야만 하는 기술적 문제이다."[50]

인류가 지금까지 기아와 질병과 전쟁을 어느 정도 통제하는 데 이르렀다면 이제는 유전공학, 재생의학, 나노기술 등의 혁명적 발전과 자본주의 경제력을 바탕으로 죽음과의 전쟁을 통해 인간을 업그레이드하여 신이 되려 할 것으로 본다.

"전례 없는 수준의 번영, 건강, 평화를 얻은 인류의 다음 목표는, 과거의 기록과 현재의 가치들을 고려할 때, 불멸, 행복, 신성이 될 것이다. 굶주림, 질병, 폭력으로 인한 사망률을 줄인 다음에 할 일은 노화와 죽음 그 자체를 극복하는 것이다. 사람들을 극도의 비참함에서 구한 다음에 할 일은 사람들을 더 행복하게 만드는 것이다. 짐승 수준의 생존투쟁에서 인류를 건져올린 다음 할 일은 인류를 신으로 업그레이드하고, '호모 사피엔스'를 '호모 데우스'로 바꾸는 것이다."[51]

불멸, 행복(지상에서의), 신성!
인간이 과학기술의 힘으로 죽음과 싸워 '신성'을 갖게 되고, '불멸'과 '지상에서의 영원한 행복'을 꿈꾼다는 예견 앞에서 실소와 두려움이 교차하는 것이 사실이다.
역설적으로 인간의 존엄성은 '유한성'과 '불완전성', '결핍'에서 나온다. 진정 자유로운 사람은 바로 죽을 수 있는 사람이다. 참

된 자유는 인간의 한계를 부정하고 끝없이 확장시키려는 노력이 아니라 인간의 유한성을 겸허하게 수용하고, 이 유한한 시간 속에서 하나님의 진리를 추구하려는 노력을 통해 도달할 수 있다.

죽음을 기억할 때 아름답게 살 수 있다

한 원로 목사님이 경험한 이야기다. 교회의 한 집사님이 몸에 이상을 느껴 병원에 갔다가 간암으로 얼마 남지 않았다는 선고를 받았다. 집사님은 남은 삶 속에 무엇을 해야 할지 기도했는데 기도 중에 사랑하지 못한 것이 제일 크게 후회스러웠다.

사소한 일로 틀어지고 벽을 쌓았던 사람들의 얼굴이 떠올랐다. 그는 명단을 작성하고, 전화를 걸기 시작했다. 용서를 구하고 화목의 인사를 했다. 바쁘다는 핑계로 더 사랑하지 못한 사람들을 찾아가 축복하고 감사의 인사를 하고 격려해주었다.

돈을 가치 있게 쓰지 못한 것을 깨닫고 재산 정리를 시작했다. 헌금을 하고, 남은 재산을 가치 있게 써 달라고 유언장도 작성했다. 무엇보다도 사랑하는 자녀들을 생각해 그들에게 가장 중요한 성경 말씀을 유언장에 쓰기도 했다.

그러던 중에 간암이 오진이었다는 것을 알게 되었다.

"집사님, 그렇게 돈을 쓰신 것이 후회가 안 되십니까?"

목사님이 묻자 그 집사님이 이렇게 확고히 대답했다.

"아니요! 목사님, 지금까지 저는 제 생애 동안 이 몇 달처럼 의미 있고 가치 있게 살았던 때가 없었어요. 저는 앞으로 인생에 남은 시간도 계속 이 마음가짐으로 살 겁니다."

엘리자베스 퀴블러-로스는 〈타임〉지가 뽑은 20세기 100대 사상가 중 한 사람으로, 죽음과 임종에 관한 연구로 유명하다. 그녀는 세쌍둥이의 첫째로 태어나 '나는 누구일까? 나는 나일까? 3분의 1일까?'라는 고민이 많았고 어릴 적에 아버지의 친구가 나무에서 떨어져 죽는 사건을 보고 죽음에 관심을 갖게 되었다.

2차 대전 이후에는 유대인 수용소에서 자원봉사자로 일하면서 그러한 관심이 더욱 커졌고, 미국인 남편을 만나 미국으로 와서는 죽음을 앞둔 사람들을 돌보는 호스피스 운동의 선구자로 살았다. 그녀는 죽기 전에 "사람들이 나를 죽음에 대한 연구가로 알지만 사실은 삶에 대한 연구를 한 사람이다"라고 말했다. 행복한 삶을 위해 죽음을 연구한 것이었다.

그녀의 세계적인 명저 《인생 수업》은 사망하기 전 반신불수 상태에서, 그의 동료 데이비드 케슬러와 함께 쓴 역작이다. 이 책을 번역한 류시화 작가는 번역 서문에서 이렇게 말했다.

"우리가 한 말과 행동이 어쩌면 우리가 사랑하는 이에게 하는 마지막 말과 행동이 될지도 모른다. 어느 누구도, 단 한 사람도 죽음을 피할 수 없다. 따라서 너무 늦을 때까지 기다려서는 안 된다. 이것이 '죽어가는' 사람들로부터 배울 수 있는 가장 큰 교훈이다. 그들은 말한다. 지금 이 순간을 살라고. 삶이 우리에게 사랑하고, 일하고, 놀이를 하고, 별들을 바라볼 기회를 주었으니까."[52]

죽음을 앞둔 사람에게서 배우는 가장 큰 교훈은 '지금, 여기에서의 삶'의 소중함이라는 것이다.
《인생 수업》의 핵심 문장은 마지막 부분에 나온다.

"삶의 마지막 순간에 바다와 하늘과 별 또는 사랑하는 사람들을 한 번만 더 볼 수 있게 해달라고 기도하지 마십시오. 지금 그들을 보러 가십시오."[53]

메멘토 모리! "죽음을 기억하라!"
죽음이 있다는 것을, 결산이 있다는 것을 마음 깊이 새기며 산다면 '오늘' '지금'을 가장 아름답고 최상으로 꾸미며 살게 된다.
김새별 씨는 고인(故人)의 유품 정리 일을 마치고 돌아오는 길에 가족과 아버지에게 전화를 자주 한다고 했다. 죽음을 바라보았기에 삶을 더욱 진지하게 산다는 것이다.
죽지 않으려는 불멸에 대한 노력이 아닌, 죽음을 기억하는 삶이 현재를 더욱 아름답게 한다.

> 한번 죽는 것은 사람에게 정해진 것이요 그 후에는 심판이 있으리니
> 히 9:27

킴벌리 커버거 〈지금 알고 있는 걸 그때도 알았더라면〉

지금 알고 있는 걸
그때도 알았더라면

지금 알고 있는 걸 그때도 알았더라면

내 가슴이 말하는 것에 더 자주 귀를 기울였으리라.

더 즐겁게 살고, 덜 고민했으리라.

(중략)

다른 사람들이 나에 대해 말하는 것에는

신경 쓰지 않았으리라.

(중략)

진정한 아름다움은 자신의 인생을 사랑하는 데 있음을 기억했으리라.

(중략)

사랑에 더 열중하고

그 결말에 대해선 덜 걱정했으리라.

(중략)

지금 알고 있는 걸 그때도 알았더라면
나는 분명코 춤추는 법을 배웠으리라.
내 육체를 있는 그대로 좋아했으리라.
내가 만나는 사람들을 신뢰하고
나 역시 누군가에게 신뢰할 만한 사람이 되었으리라.

(중략)

분명코 더 감사하고,
더 많이 행복해했으리라.
지금 내가 알고 있는 걸 그때도 알았더라면.[54]

"그때 거기 가지 말았어야 했는데."
"그때 그 선택을 하지 말았어야 했는데."

우리는 이렇게 지난 일에 대해 후회할 때가 많다. 그리하여 한 번쯤 이런 생각을 해보았을 것이다.

'시간을 그때로 다시 돌릴 수 있다면….'
'지금 알고 있는 걸 그때도 알았더라면!'

역사의 순간도 그러하다. 1867년 제정 러시아는 단돈 720만 달러를 받고 알래스카를 미국에 매각했다.

현재 알래스카의 금전적 가치는 적어도 수조 달러가 넘는다. 알래스카에 매장된 유전은 지구 매장량의 10분의 1을 차지하며, 그 외에도 풍부한 지하자원이 매장되어 있고, 군사적 요지이기도 하다. 당시 러시아 관리들이 지금 알고 있는 것을 그때도 알았더라면 이 복덩어리 땅을 팔지 않았을 것이다.

이런 일과 관련하여 아인슈타인은 흥미로운 말을 했다.

"사건이 발생할 당시의 사고로는 그 문제를 해결할 수 없다."

지금의 눈으로 보면 무엇이 좋은 선택이고 무엇이 나쁜 선택인지 보이지만, 그때 당시의 사고로서는 그것이 최상의 선택처럼 보인다는 것이다.

그렇다면 우리는 이런 생각을 할 수 있다. 만일 우리가 우리 인생의 끝을 볼 수 있고, 그 끝을 본 사람의 관점을 가지고 있다면, 지금 최상의 선택을 할 수 있고, 더 의미 있는 삶을 살 수 있지 않겠는가.

인생의 끝을 알 때 최상의 삶을 산다

스릴러 소설가 잭 히긴스(Jack Higgins)는 "지금 알고 있는 것 중에 어렸을 때 미리 알았더라면 좋았던 게 무엇이지요?"라는 질문을 받고 이렇게 대답했다.

"정상에 올라도 거기엔 아무것도 없다는 것을 누군가 그때 나에게 말해주었다면 얼마나 좋았을까요." [55]

정상에 올라도 거기엔 아무것도 없다!
전도서는 더욱 강력한 말씀을 전한다.

전도자가 이르되 헛되고 헛되며 헛되고 헛되니 모든 것이 헛되도다
전 1:2

원하던 것을 기어코 이룬 다음에 '이것을 위해 내가 젊음도 열정도 일상도 다 바쳤던가? 이게 아닌데!' 하며 밀려오는 허무가 가장 큰 허무다.

'지금 알고 있는 것들을 조금 더 일찍 알았더라면!' 얼마나 좋겠는가. 하지만 이르면 알 수 없고, 알고 나면 늦는 게 인생이다. 인생은 철이 덜 든 채로 살고, 겨우 철이 들기 시작하면 이제 곧 죽을 때가 가깝다.

철학자 하이데거는 사람이 죽음 앞에 선 존재라는 사실을 깨달을 때 참된 인간 존재를 느끼고 삶의 소중함이 비로소 보이기 시작한다고 말하며 이것을 '죽음에로의 선구(先驅)'라고 표현했다.

그렇다. 죽은 후 어떠한 일이 일어난다는 것을 알고 산다면 지금의 삶은 달라질 것이다. 성경은 우리의 '시작'뿐 아니라 '지금', 그리고 '마지막 날'에 일어날 일들을 다 말해준다.

나는 알파와 오메가요 처음과 마지막이요 시작과 마침이라 계 22:13

그리하여 하나님의 말씀 안에 굳게 서 있는 성도들은 만물과 인생의 처음과 끝을 알고 있기에 헛된 것을 추구하지 않고, 지금 최상의 선택을 할 수 있고, 최상의 삶을 살 수 있다. 시간이 흐를수록 "지금 알고 있는 걸 그때도 알았더라면!"이라고 탄식하지 않고, 매 순간이 꽃봉오리요 꽃자리였다고 감사의 고백을 할 수 있다.

후주

1) 리처드 포스터, 《영적 훈련과 성장》, 권달천·황을호 역(생명의말씀사, 2009), p. 72.
2) 김난도 외 다수 공저, 《트렌드 코리아 2022》, (미래의 창, 2021), p. 73.
3) 김상균, 《메타버스》, (플랜비디자인, 2020), p. 11.
4) 니콜라스 카, 《생각하지 않는 사람들》, 최지향 역(청림출판, 2020), p. 42-43.
5) 김은주, 《1cm art》, (허밍버드, 2015), p. 64.
6) 김수영, 《김수영 전집1 시》, 이영준 엮음(민음사, 2018), p. 271.
7) 유발 하라리, 《사피엔스》, 조현욱 역(김영사, 2015), p. 588.
8) 조병영, 《읽는 인간 리터러시를 경험하라》, (쌤앤파커스, 2021), p. 6.
9) 네이트 실버, 《신호와 소음》, 이경식 역(더퀘스트, 2014), p. 36.
10) 스티븐 호킹, 레오나르드 믈로디노프, 《위대한 설계》, 전대호 역(까치, 2020), p. 205.
11) 마틴 리스, 《우주가 지금과 다르게 생성될 수 있었을까?》, 김재영 역(EjB, 2004), p. 194.
12) 김도현, 《과학과 신앙 사이》, (생활성서사, 2022), p. 95.
13) 김수영, 《시여, 침을 뱉어라》, 이영준 엮음(민음사, 2022), p. 9.
14) 클라우스 슈밥, 《클라우스 슈밥의 제4차 산업혁명》, 송경진 역(새로운현재, 2018), p. 258.
15) 브래드 스미스, 캐럴 앤 브라운, 《기술의 시대》, 이지연 역(한빛비즈, 2021), p. 471.
16) 유발 하라리, 《호모 데우스》, 김명주 역(김영사, 2017), p. 10-11.
17) 오노 가즈모토 편저, 《초예측》, 정현옥 역(웅진지식하우스, 2019), p. 102.
18) 김명주, 《AI는 양심이 없다》, (헤이북스, 2022), p. 241.
19) 오노 가즈모토 편저, 《초예측》, 정현옥 역(웅진지식하우스, 2019), p. 229.
20) 김명주, 《AI는 양심이 없다》, (헤이북스, 2022), p. 214.
21) 스캇 펙, 《아직도 가야 할 길》, 최미양 역(율리시즈, 2012), p. 390.
22) 김수영, 《시여, 침을 뱉어라》, 이영준 엮음(민음사, 2022), p. 10.
23) 토마스 아퀴나스, 《존재자와 본질》, 박승찬 역(도서출판 길, 2021), p. 12.
24) 곽재구, 《우리가 사랑한 1초들》, (톨, 2011), p. 7.
25) 강은교, 《사랑비늘》, (좋은날, 1998), p. 54-55.
26) 이정록, 《어머니학교》, (열림원) p. 57
27) 정진규, 《청렬집》, (지식을 만드는 지식, 2012), p. 24.
28) 최윤규, 《물속의 물고기도 목이 마르다》, (책이 있는 마을, 2016), p. 130.

29) 박성재, 《져주는 대화》, (책이 있는 마을, 2017), p.7.
30) 하나님은 야곱과 씨름을 하다가 야곱의 허벅지 관절을 쳐서 어긋나게 하셨다. 그가 완전히 힘을 잃자, 즉 자신의 뇌의 한계를 느끼자 오히려 '승리자'라고 부르신다.
31) 나희덕, 《그 말이 잎을 물들였다》, (창비, 2022), p.72.
32) 류시화 편저, 《마음챙김의 시》, (수오서재, 2020), p.54-55.
33) 그렉 맥커운, 《에센셜리즘》, 김원호 역(RHK, 2014), p.8-9.
34) 지나영, 《마음이 흐르는 대로》, (다산북스, 2022), p.140.
35) 곤도 마리에, 《인생이 빛나는 정리의 마법》, 홍성민 역(더난출판, 2012), p.59.
36) 스벤 브링크만, 《절제의 기술》, 강경이 역(다산초당, 2021), p.48.
37) 정목일, 《잎의 말》, (나무향, 2018), p.47.
38) 김은주, 《너와 나의 1cm》, (위즈덤하우스, 2019), p.62.
39) 베르나르 키리니, 《첫 문장 못 쓰는 남자》, 윤미연 역(문학동네, 2016), p.9-10.
40) 정철, 《학교 밖 선생님 365》, (리더스북, 2014), p.276.
41) 엘톤 츄르블러드, 《그리스도의 유머》, 임윤택 역(기독교문서선교회, 2006), p.7.
42) 김찬호, 《유머니즘》, (문학과 지성사, 2019), p.80.
43) 빌 헨더슨, 앙드레 버나드, 《악평》, 최재봉 역(열린책들, 2012), p.74.
44) 같은 책, p.82.
45) 같은 책, p.37.
46) 같은 책, p.50.
47) 같은 책, p.27.
48) 성현, 《용재총화》, 김남이·전지원 외 옮김(휴머니스트, 2016), p.30-31.
49) 김새별, 전애원, 《떠난 후에 남겨진 것들》, (청림출판, 2021), p.238-243.
50) 유발 하라리, 《호모 데우스》, 김명주 역(김영사, 2017), p.40-41.
51) 같은 책, p.39.
52) 엘리자베스 퀴블러 로스, 데이비드 케슬러, 《인생 수업》, 류시화 역(이레, 2010), p.11.
53) 같은 책, p.261.
54) 류시화, 《지금 알고 있는 걸 그때도 알았더라면》, (열림원, 2019), p.10-11.
55) 라비 재커라이어스, 《아플수록 더 가까이》, 권기대 역(에센티아, 2017), p.237.

인문학을 하나님께 4

초판 1쇄 발행	2024년 3월 5일
초판 5쇄 발행	2025년 5월 9일
지은이	한재욱
펴낸이	여진구
책임편집	최현수
편집	이영주 박소영 구주은 안수경 김도연 김아진 정아혜
책임디자인	마영애 노지현 | 조은혜 정은혜 남은진
홍보·외서	진효지
마케팅	김상순 강성민
마케팅지원	최영배 정나영
제작	조영석 허병용
경영지원	김혜경 김경희

303비전성경암송학교 유니게 과정
이슬비전도학교 / 303비전성경암송학교 / 303비전꿈나무장학회

펴낸곳   규장

주소 06770 서울시 서초구 매헌로 16길 20(양재2동) 규장선교센터
전화 02)578-0003   팩스 02)578-7332
이메일 kyujang0691@gmail.com
페이스북 facebook.com/kyujangbook
카카오스토리 story.kakao.com/kyujangbook
홈페이지 www.kyujang.com
인스타그램 instagram.com/kyujang_com
등록번호 1922-2461
since 1978.08.14

ⓒ 저자와의 협약 아래 인지는 생략되었습니다.
이 출판물은 저작권법에 의해 보호를 받는 저작물이므로 무단 전재와 무단 복제를 할 수 없습니다.

책값   뒤표지에 있습니다.
ISBN 979-11-6504-513-5   03230

규 | 장 | 수 | 칙

1. 기도로 기획하고 기도로 제작한다.
2. 오직 그리스도의 성품을 사모하는 독자가 원하고 필요로 하는 책만을 출판한다.
3. 한 활자 한 문장에 온 정성을 쏟는다.
4. 성실과 정확을 생명으로 삼고 일한다.
5. 긍정적이며 적극적인 신앙과 신행일치에의 안내자의 사명을 다한다.
6. 충고와 조언을 항상 감사로 경청한다.
7. 지상목표는 문서선교에 있다.

하나님을 사랑하는 자 곧 그의 뜻대로 부르심을 입은 자들에게는 모든 것이 合力하여 善을 이루느니라(롬 8:28)

규장은 문서를 통해 복음전파와 신앙교육에 주력하는 국제적 출판사들의 협의체인 복음주의출판협회(E.C.P.A:Evangelical Christian Publishers Association)의 출판정신에 동참하는 회원(Associate Member)입니다.